俄语专业社会与文化系列教材

总主编 孙玉华 彭文钊 刘宏

ИСТОРИЯ РОССИИ

俄罗斯历史

主编 彭文钊
编者 彭文钊 〔俄〕А. А. Бочкарёв

北京大学出版社
PEKING UNIVERSITY PRESS

图书在版编目(CIP)数据

俄罗斯历史/彭文钊主编. —北京：北京大学出版社，2016.5
（俄语专业社会与文化系列教材）
ISBN 978-7-301-26910-7

Ⅰ.①俄… Ⅱ.①彭… Ⅲ.①俄语－阅读教学－高等学校－教材 ②俄罗斯－历史－高等学校－教材 Ⅳ.①H359.4：K

中国版本图书馆CIP数据核字(2016)第027860号

书　　　名	俄罗斯历史 ELUOSI LISHI
著作责任者	彭文钊　主编
责任编辑	李　哲
标准书号	ISBN 978-7-301-26910-7
出版发行	北京大学出版社
地　　　址	北京市海淀区成府路205号　100871
网　　　址	http://www.pup.cn　　新浪微博：@北京大学出版社
电子信箱	pup_russian@163.com
电　　　话	邮购部010-62752015　发行部010-62750672　编辑部010-62759634
印　刷　者	北京虎彩文化传播有限公司
经　销　者	新华书店
	787毫米×1092毫米　16开本　10.25印张　240千字 2016年5月第1版　2022年4月第2次印刷
定　　　价	28.00元

未经许可，不得以任何方式复制或抄袭本书之部分或全部内容。
版权所有，侵权必究
举报电话：010-62752024　电子信箱：fd@pup.pku.edu.cn
图书如有印装质量问题，请与出版部联系，电话：010-62756370

总 序

俄语专业社会与文化系列教材是一套基于语言国情学教学法，以俄罗斯与中国社会文化知识为导向，以传授学生背景知识与提高语言技能为目标，以培养跨文化交际能力为目的的新一代教材。教材编写完全依据《高等学校俄语专业教学大纲》规定的各年级学生知识与技能指标要求，按照主题循序渐进地在第三至八学期分别引入俄罗斯和中国社会文化知识，各册主题分别为：

1. 俄罗斯当代社会生活　　　5. 俄罗斯文学
2. 俄罗斯历史　　　　　　　6. 俄罗斯政治
3. 俄罗斯地理　　　　　　　7. 中国当代社会生活（俄文版）
4. 俄罗斯艺术

本套教材有别于传统的国情教材，贴近课堂、贴近教学是它的突出特点。每册教材的编写者都是具有多年教学经验的俄语专业教师，多年来一直承担相应课程的实践教学工作，这保证了这套教材来自教学一线，服务教学一线。我们知道，外语教学的最终目的是使学生能运用这种语言进行交际。以往，我们在教学中片面强调语言技能、语言形式的训练，而忽略了语言外壳所要承载的内容。本套教材在编写过程中，充分贯彻了语言国情学教学法，将文化知识导入于语言教学之中，在解决学生"怎么说"问题的同时，潜移默化地让学生知道"说什么"，以达到语言技能和知识水平同步提高的目的，从而可以大大改善学生在学会语言表达之后却无话可说的尴尬。在编写方式上，与以往的俄语国情文化教材重视以大语篇负载大容量知识不同，本套教材以短小课文为主，语言生动，难度适中，图文并茂，兼顾知识性与趣味性，十分适合课堂教学。尤为重要的是，本套教材的练习体系同样按照语言国情学教学法原则精心设计，分为课前和课后练习。题目紧扣课文，灵活多样，语言技能训练与知识点考察分别进行，重点突出，易于掌握和操作，使学生在获得系统国情知识的同时，不断提高语言技能。本套教材在结构上也有所创新。与以往教材以"课"或"单元"做形式序列划分不同，本系列教材按照主题划分序列进行主题内容推进。每一本教材划分为若干主题（тема），每一主题包括若干课（урок），每一课包含二至三篇课文（текст），每一课文后都有俄汉的百科注释，所有的课结束之后有课后练习，按照知识性练习和语言技能练习形式顺序编排。

本套教材全部用俄语编写，每册的编者由俄罗斯专家和中国教师合作完成。在充分保证语言规范、地道的基础上，编写团队考虑最多的是如何让这套教材发挥最大效益，做到实用、好用、管用。我们希望除了能让学生学到纯正地道的俄语，系统掌握相关国情文化知识，提高阅读能力和口语表达能力，还能够培养学生的跨文化交际能力，从而形成第二语言个性，使学生能说，会说，有的说，能更好地为中俄交流与合作做出应有的贡献，这也是我们编纂这套教材最大的心愿。

由于本套教材是按照不同知识主题分别编写的，同时也考虑到学生兴趣与接受度，所以还不可能做到面面俱到。除上述已经编写的教材外，其他相关主题内容我们会在今后根据教学需要陆续推出。

由于时间仓促，加之编者水平有限，书中不当之处在所难免，恳请专家学者和各位读者批评指正。

编者
2011年11月20日

ИСТОРИЯ РОССИИ

Пояснительная записка

Настоящий учебник по курсу «История России» входит в состав серии учебно-методических пособий по страноведческим дисциплинам, разрабатываемых авторским коллективом Даляньского университета иностранных языков. Предлагаемый учебник представляет собой универсальный методический инструмент, который можно применять как в условиях систематической аудиторной работы, так и для самостоятельной внеаудиторной работы учащихся.

Учебное пособие рассчитано на учащихся второго курса языковых специальностей. Отличительной особенностью данного пособия является его высокий уровень доступности в сочетаемости с высокой степенью аутентичности. Все учебные тексты написаны на русском языке, все упражнения также требуют выполнения на русском языке. При этом учебник в значительной степени адаптирован и не должен представлять трудностей для учащихся второго курса при изучении курса «История России» в третьем-четвертом семестре. Все тексты и упражнения являются оригинальными авторскими разработками, созданными на основе собственного опыта преподавания страноведческих дисциплин в китайской студенческой аудитории. Наличие указанных особенностей делает настоящее пособие важным звеном в утверждении принципов доступности, универсальности и аутентичности, заявленных для всех учебников серии.

Настоящий учебник на ознакомительном уровне рассказывает учащимся об истории России от эпохи древних славян до наших дней. Учебный курс рассчитан на работу в течение одного семестра в объеме 34 часов аудиторных занятий. Структурно учебник состоит из 9 частей, каждая из которых рассчитана на изучение в объеме 4 академических часов (заключительная тема рассчитана на 2 академических часа). Эти крупнейшие структурные единицы учебника носят названия «Темы», они упорядочены хронологически и с точки зрения повышения трудности языкового материала и увеличения объема учебных текстов.

Каждая тема состоит из двух структурных единиц, которые называются «Урок», рассчитанных на одно занятие. Урок является основной методической единицей данного пособия. После каждого урока предлагаются упражнения на отработку языкового и фактического материала. В конце каждой темы дан раздел «Завершая тему», который включает речевые и творческие упражнения на основе различного типа опор.

Каждый урок состоит из 2-3 учебных текстов. Учебные тексты сопровождаются языковыми и фактическими комментариями, а также вопросами для самопроверки. Мы подчеркиваем, что настоящее пособие представляет собой не сборник текстов с некоторой суммой заданий, а полноценную методическую систему, направленную не только на формирование знаний по изучаемому курсу, но и, что немаловажно на указанном этапе обучения, на повышение уровня языковой и речевой компетенции учащихся.

Принципиально важной особенностью учебника, по убеждению авторов, является связь с известными учащимся фактами истории и культуры Китая. Таким образом, в рамках изучения курса истории России китайские студенты параллельно знакомятся с базовыми понятиями и фактами истории Китая на русском языке.

Учебное пособие богато иллюстрировано как графически, так и дополнительным материалом – цитатами, языковыми комментариями и т.п. Авторы надеются, что иллюстративный материал позволит повысить познавательный интерес учащихся.

Авторы настоящего учебного пособия подчеркивают его методическую гибкость и высокий потенциал применения в самых различных формах учебной работы. Авторы убеждены в необходимости применения активного подхода к изучению иностранных языков и категорически не рекомендуют использовать предложенные учебные тексты для запоминания наизусть.

Настоящее учебное пособие может применяться как дополнительный материал в рамках изучения курса «Страноведение России», а также как дополнительное пособие в ходе подготовки к заданиям по страноведению в рамках Единых вузовских экзаменов по русскому языку для языковых специальностей IV и VIII уровней.

Содержание

ТЕМА 1 Как всё начиналось 1
  УРОК 1. Появление древнерусского государства 1
    ТЕКСТ А. *Восточные славяне* 1
    ТЕКСТ Б. *Варяги и появление русского государства* 3
    ТЕКСТ В. *Первые годы Киевской Руси* 5
  УРОК 2. Киевская Русь в X-XII веках 8
    ТЕКСТ А. *Расцвет Киевской Руси* 8
    ТЕКСТ Б. *Распад Киевской Руси* 11

ТЕМА 2 Москва не сразу строилась 17
  УРОК 1. Враги с востока, враги с запада 17
    ТЕКСТ А. *Монголы приходят на Русь* 17
    ТЕКСТ Б. *Александр Невский* 19
  УРОК 2. Москва объединяет Россию 23
    ТЕКСТ А. *Москва растет* 23
    ТЕКСТ Б. *Куликовская битва* 25
    ТЕКСТ В. *Москва - центр нового русского государства* 27

ТЕМА 3 От Ивана Грозного до Петра Великого 33
  УРОК 1. Как Иван IV стал Иваном Грозным 33
    ТЕКСТ А. *Молодой и талантливый царь Иван IV* 33
    ТЕКСТ Б. *Злой и жестокий царь Иван Грозный* 35
  УРОК 2. Россия в XVII веке 39
    ТЕКСТ А. *Смутное время* 39
    ТЕКСТ Б. *Русский народ спасает Россию* 41
    ТЕКСТ В. *Новый царь* 43

ТЕМА 4 Россия быстро меняется 49
  УРОК 1. Петр Великий: начало эпохи 49
    ТЕКСТ А. *Детство Петра* 49

ТЕКСТ Б. *Петр становится царём* ... 51

УРОК 2. Петр Великий: конец эпохи ... 55
ТЕКСТ А. *Петр становится императором* ... 55
ТЕКСТ Б. *Личность Петра и результаты его эпохи* ... 57

ТЕМА 5 От Екатерины I до Александра I ... 63
УРОК 1. От Екатерины I до Екатерины II ... 63
ТЕКСТ А. *После Петра Великого* ... 63
ТЕКСТ Б. *"Золотой век" Екатерины Великой* ... 66
ТЕКСТ В. *Крестьянская война Емельяна Пугачева* ... 68
УРОК 2. Конец XVIII века ... 73
ТЕКСТ А. *Великие победы русских военачальников* ... 73
ТЕКСТ Б. *Конец эпохи Екатерины II* ... 75

ТЕМА 6 XIX век: Россия – великая и несчастная ... 80
УРОК 1. Отечественная война 1812 года ... 80
ТЕКСТ А. *«Мы потеряем Москву, но не потеряем Россию»* ... 80
ТЕКСТ Б. *Народная война* ... 82
УРОК 2. Борьба за свободу ... 86
ТЕКСТ А. *Восстание декабристов* ... 86
ТЕКСТ Б. *Эпоха Николая I* ... 88
ТЕКСТ В. *Отмена крепостного права* ... 90

ТЕМА 7 Начинается новый день ... 96
УРОК 1. Россия на рубеже веков ... 96
ТЕКСТ А. *Начало эпохи Николая II* ... 96
ТЕКСТ Б. *Русско-японская война и "Кровавое воскресенье"* ... 98
ТЕКСТ В. *Первая русская революция и реформы Петра Столыпина* ... 100
УРОК 2. Наступает 1917 год ... 105
ТЕКСТ А. *Россия в Первой мировой войне* ... 105
ТЕКСТ Б. *Февральская революция* ... 107
ТЕКСТ В. *Великий Октябрь* ... 110

ТЕМА 8 Трудное время великих побед ... 117
УРОК 1. Первые шаги Советской власти ... 117
ТЕКСТ А. *Гражданская война* ... 117
ТЕКСТ Б. *Советская Россия в 1920-е годы* ... 120
ТЕКСТ В. *Индустриализация и коллективизация* ... 122

УРОК 2.	Священная война	127
ТЕКСТ А.	*Начало войны*	127
ТЕКСТ Б.	*Сталинград и Курск*	130
ТЕКСТ В.	*Освобождение*	133

ТЕМА 9 История продолжается ... 139

УРОК 1.	СССР в 1950—1980-е годы	139
ТЕКСТ А.	*Эпоха Хрущева*	139
ТЕКСТ Б.	*Эпоха Брежнева и перестройка*	141
ТЕКСТ В.	*Конец СССР*	144
УРОК 2.	Современная Россия	148
ТЕКСТ А.	*Такого, как Путин...*	148
ТЕКСТ Б.	*Сегодня и завтра*	150

Уроки истории. Введение для студентов.

В русском языке часто говорят слова «уроки истории». Эти слова имеют два значения. С одной стороны, это уроки по истории в школе. На них учитель рассказывает о том, что было в прошлом. Как и любые уроки, эти уроки бывают интересными, а бывают скучными. С другой стороны, уроки истории – это то, чему история учит нас, это опыт жизни всех людей, это знание о том, что раньше было хорошо (и мы должны так делать), а что раньше было плохо (и мы не должны повторять этих ошибок).

Я часто вспоминаю слова «уроки истории» в городке Люйшунь (旅順), там много интересных исторических мест, где история России встречается с историей Китая. Я часто провожу экскурсии по этим местам для гостей из России и вижу, что им очень интересно слушать о том, как появилась и росла дружба России и Китая. Это прекрасный и очень полезный урок истории!

Вы совсем недавно начали изучать русский язык, но, я уверен, скоро сможете побывать на уроке истории не только в аудитории, но и в московском Кремле, в Зимнем дворце в Санкт-Петербурге, на Мамаевом кургане в Волгограде. Эти уроки истории запомнятся вам на всю жизнь. Но разве полезны будут для вас эти уроки, если вы совсем ничего не знаете об истории России? Вот почему так важно открыть наш учебник и прочитать его. Когда вы будете это делать, вы не раз вспомните историю своей страны и увидите, как похожи истории двух наших таких разных стран – России и Китая.

Как всё начиналось

История любой страны имеет свое начало. Начало истории страны похоже на рождение человека - страна рождается, потом растет, развивается, постепенно становится сильной. Некоторые страны, как люди, становятся большими и даже великими, некоторые остаются маленькими. История Китая началась очень давно, пять тысяч лет назад. История России началась не так давно, ей немного больше тысячи лет. Еще в XII веке первые русские историки пытались найти ответ на интересный вопрос: "Откуда есть пошла Русская Земля" (на современном русском языке это значит: "Как появилась Русская земля?"). Давайте попробуем совершить путешествие в древние времена и посмотреть, как все начиналось.

УРОК 1. Появление древнерусского государства

ТЕКСТ А. Восточные славяне

Вы уже поняли, что историю страны можно сравнить с жизнью человека. У человека в жизни бывают хорошие **периоды**, а бывают плохие, бывают трудные времена, но бывают и счастливые времена. В истории любой страны мы тоже можем увидеть разные периоды, или эпохи, как говорят учёные.

Мы начинаем наше путешествие по русской истории с V-VIII веков нашей эры, но сначала посмотрим на Китай в это время. Там закончилась эпоха Суй и началась эпоха Тан. Трудные времена закончились, началась эпоха развития и **процветания**. Китайский народ добился огромных успехов во всех сторонах жизни. В эпоху Тан Китай был уже очень сильной, великой страной. А какой была Россия?

России тогда еще не было. На **территории** от Чёрного моря на юге до Онежского озера на севере и до Волги на востоке в это время жили племена восточных славян. Сейчас на этой земле находятся современные **государства**: Россия, Украина, Белоруссия. Земля восточных славян была огромной и богатой, но жизнь славян была очень простой. Ученые говорят, что у восточных славян в те древние времена не было государства. А что это значит? Значит, не было **правителя** (в Китае, например, был император), не было армии, не было законов, даже не было названия для своей земли!

Давайте еще раз сравним историю страны и жизнь человека. Человек обычно плохо помнит свое раннее детство. Ученые-историки тоже мало знают о начале истории страны. Мы очень мало знаем о жизни восточных славян в это время, потому что у славян не было письменности (они не умели писать, у них не было книг). Но мы знаем, что славяне были прекрасными охотниками (потому что на их земле было много густых лесов) и прекрасными рыбаками (потому что на их земле было много больших рек и озер). А еще славяне отлично готовили мёд. Но историки того времени писали, что славяне - это **дикий**, некультурный народ, который любит только воевать.

Исторические термины и географические названия:

нашей эры (до нашей эры)—公元（公元前）
эпоха Суй—隋朝（581—618年）
эпоха Тан—唐朝（618-907年）
Онежское озеро—奥涅加湖（俄罗斯）
восточные славяне—东斯拉夫人
император Китая—中国皇帝

Запомните слова и выражения (работайте со словарем!):

период (период истории, период в истории = исторический период, период жизни, период в жизни - жизненный период), *Начало XX века - непростой период в истории Китая. После того, как я поступил в университет, в моей жизни начался новый период. В моей жизни был период, когда я мечтал стать космонавтом.*

процветание (процветание страны, процветание бизнеса, богатство и процветание, успех и процветание). *Я уверена, что в XXI веке мою страну - Китай - ждет процветание и успешное развитие. Сегодня нашей компании уже 10 лет - давайте пожелаем процветания нашему бизнесу!*

территория (на территории, территория страны, территория университета, расширить территорию). *На территории Китая есть много мест, известных во всем мире. Территория университета называется модным английским словом "кампус". На территории нашего университета, к сожалению, нет банка, приходится ездить в центр города.*

государство (в государстве, глава государства, государственный) *В Пекине встретились главы четырех государств - КНР, США, Российской Федерации и*

Республики Корея. Китай - одно из самых развитых государств Азии. Государственный флаг - важный государственный символ; в России он бело-сине-красный.

правитель - когда мы говорим об истории до XX века, мы часто используем слово "правитель" в значении "царь" или "император". Когда мы говорим о современной жизни, это слово использовать нельзя. *Император Цинь Шихуан - знаменитый правитель Китая. Президент - это не правитель, это глава государства.*

дикий (дикие животные, дикие люди). *Кошка и собака - домашние животные, а обезьяна и панда - дикие животные. Раньше люди были дикими и не очень отличались от животных, но потом у людей появилась культура.*

Ответьте на вопросы по тексту:

1. Где жили восточные славяне в V-VII веках нашей эры?
2. Какие современные государства сейчас расположены на землях восточных славян?
3. Кто управлял восточными славянами в то время?
4. Почему мы мало знаем об истории славян в то время?
5. Чем занимались восточные славяне?

ТЕКСТ Б. Варяги и появление русского государства

Да, не нужно думать, что жизнь восточных славян была спокойной и мирной. Славяне хорошо умели воевать. И на севере, и на юге, и на востоке было много врагов, которые хотели **захватить** их богатую землю. Славяне все время **вели войны** со своими соседями. Самым сильным соседом на юге была Византия - огромное и очень развитое государство. На севере жили варяги - **воинственные** народы, именно они сыграли важную роль в начале русской истории.

Восточные славяне понимали, что для защиты от врагов им нужно **объединиться** и создать большое и сильное государство, как Византия или Китай. Но как это сделать? У славян совсем не было опыта в этом деле. Они решили попросить помощи у своих северных соседей - варягов. В древних книгах мы можем прочитать, что славяне сказали варягам такие слова: "Земля у нас очень большая и богатая, но у нас нет правителя. Приходите к нам, дайте нам правителя".

Варяги помогли. Варяжский князь Рюрик в 862

Рюрик

году стал правителем восточных славян, а своей столицей он сделал северный славянский город Новгород (сейчас он называется Великий Новгород). Именно 862 год мы считаем годом начала русской истории.

 Исторические термины и географические названия:

Византи́я — 拜占庭帝国（395－1453年）

варя́ги — 瓦兰人（西方史学著作中提到的维京人，即瓦良格人，亦译作瓦兰人、瓦兰吉亚人、瓦里亚基人。瓦良格人（意为商人）是东斯拉夫人对斯堪的纳维亚半岛的日耳曼部落——诺曼人的称呼，芬兰人则称他们为罗斯人（意为北方人）。

варя́жский князь Рю́рик — 瓦兰人公爵留里克

Вели́кий Но́вгород — 大诺夫哥罗德城

 Запомните слова и выражения (работайте со словарем!):

захватывать (сов. вид – захватить, захватить землю, захватить город, (захватить власть = получить власть), захватить (кого?) в плен; сущ. захватчик, с отрицательным значением; захватить (кого?) = увлечь). *Мы не позволим врагам захватить нашу землю! Во время войны даже дети были готовы воевать с захватчиками. Я рано научился читать – в шесть лет, это дело меня очень захватило.*

вести войны (вести войну = воевать) (с кем? или с чем?) *Этот император стал известным, потому что очень любил вести войны с другими странами. Иван – беспокойный человек, он постоянно ссорится со своими соседями; жена Ивана говорит ему: «Зачем ты с ними все время ведешь войны? Они же хорошие люди!». Человеку не просто отказаться от вредных привычек, иногда с ними нужно вести настоящую войну.*

воинственный (воинственный народ, воинственный человек). *Есть народы мирные, а есть народы воинственные, которые не дают мирным спокойно жить. Он был маленьким и худым, но очень воинственным, даже в детстве все время бил других детей.*

объединиться (с кем?, иногда против кого?) *Одному человеку трудно бывает сделать даже простую работу, но, если объединиться с друзьями, становится легко. У Ивана есть 20 рублей, у Антона – 30 рублей, книга стоит 50 рублей, они смогут купить ее только, если объединятся. Две страны объединились против общих врагов.*

 Ответьте на вопросы по тексту:

1. С кем славяне вели войны?
2. Где жили варяги?
3. Что восточные славяне должны были сделать для защиты от врагов?
4. Когда варяжский князь Рюрик стал правителем восточных славян?
5. Какой год считается годом начала русской истории?

ТЕКСТ В. Первые годы Киевской Руси

Прошло 20 лет, Рюрик умер. В 882 году варяжский князь Олег захватил два древних славянских города - Смоленск и Киев (Киев - столица современной Украины). Город Древний Киев очень понравился Олегу, потому что этот город имеет прекрасное положение - он находится недалеко от Византии, на берегу широкой реки Днепр, это очень удобно для торговли. Так Киев стал новой столицей, а государство получило название "Киевская Русь". С тех пор город Киев называют "Мать городов русских" (а "отцом городов русских" иногда называют Новгород, первую русскую столицу).

После Олега, который правил более 30 лет, правителем Киевской Руси стал Игорь Рюрикович. Фамилий тогда еще не было, но по отчеству вы легко можете понять, что Игорь был сыном Рюрика. Потом князем стал Святослав Игоревич (сын Игоря Рюриковича, внук Рюрика). Как вы понимаете, все русские князья - **потомки** Рюрика. Кстати, все первые русские князья были отличными **военачальниками**. Тогда считалось, что главное дело князя - воевать.

> Слово "Русь", как вы заметили, очень похоже на слово "русский". Но откуда появилось слово "Русь"? Ученые до сих пор не знают ответа на этот вопрос. Одни ученые считают, что "русь" - это название одного из славянских народов. Другие ученые считают, что "русь" - это варяжский народ, из которого вышли Рюрик и Олег. А вы запомните, что именно из древнего славянского слова "Русь" появились современные слова "русский" и "Россия".

Олег и Игорь побеждали в войне даже сильную Византию. Игорь и Святослав, были убиты на войне, но смогли захватить новые земли и сделать территорию Киевской Руси больше. Больших успехов на войне добился и князь Владимир Святославович, но он **вошёл в историю** по другой причине.

Владимир Святославович, наверное, был самым любимым правителем для русских. Люди называли "князь Владимир Красное Солнышко", с большой любовью и уважением. В его время в Европе главной религией уже было христианство, но Киевская Русь еще не была христианской страной.

Крещение Руси

Князь Владимир долго выбирал **религию** для своей страны; в конце концов, он выбрал православие, которое пришло из Византии. В 988 году князь Владимир и все жители Киева стали православными; это событие называется "Крещение Руси". Князя Владимира после этого стали называть "Владимир Святой".

история России

 Исторические термины и географические названия:

Днепр—第聂伯河
Ки́евская Русь—基辅罗斯（9-12世纪初古罗斯封建国家）
христиа́нство—基督教
правосла́вие—东正教
Креще́ние Руси́—罗斯受洗

 Запомните слова и выражения (работайте со словарем!):

потомки (потомки кого?) Он всем говорит, что он - потомок императора, но я думаю, он говорит неправду. Потомки великого китайского поэта Бай Цзюи построили для него большой памятник в городе Лоян. Многие потомки Льва Толстого стали известными людьми, а Татьяна Толстая стала известной писательницей в современной России.

военачальник (=полководец) В известном китайском романе «Троецарствие» описаны разные талантливые военачальники, например, Цао Цао и Чжугэ Лян. Я с детства любил читать книги о войне и мечтал сразу после школы стать военачальником, но отец мне сказал, что сначала нужно много учиться.

войти в историю (как кто-то или за что-то) Этот император вошел в историю за свои успехи в развитии науки и искусства. Александр Сергеевич Пушкин вошел в историю как первый русский писатель, который стал известным во всём мире. У Антона большие планы: он мечтает войти в историю, но пока еще не знает, как это сделать.

религия (религиозный) В России самая распространенная религия - это православие, а в Китае - буддизм. В старые времена религия играла очень большую роль в жизни людей. Религия раньше давала ответы на такие вопросы, на которые сейчас ответы даёт наука.

 Ответьте на вопросы по тексту:

1. Почему древний город Киев понравился Олегу?
2. Кто стал правителем Киевской Руси после Олега?
3. По какой причине князь Владимир Святославович вошёл в историю?
4. Какую религию князь Владимир выбрал для Киевской Руси?
5. Когда князь Владимир и все жители Киева стали православными?

После урока

Языковые упражнения

1. Перефразируйте данные предложения, используя в них:

   а) слово «территория»

   1) Вокруг моей школы росло много деревьев, я помню, как наша учительница собирала нас под деревом на урок.

   2) Все знают озеро Байкал, но немногие знают, что места около озера Байкал тоже очень красивые.

   3) Со мной за одной партой сидел очень жадный мальчик, который сразу сказал: «Это моя парта, тебе сюда нельзя».

   б) слово «период»

   4) Когда мне было 10 лет, мы переехали в Москву. Я плохо помню это время.

   5) Самые главные события в жизни студента происходят именно на первом курсе, именно он – самый важный.

   6) Мама ушла из дома в 9 часов, а я вернулся в 11 часов, но именно между 9 и 11 часами приходил курьер (快递员), и никого не застал дома.

2. Поставьте данный глагол в нужную грамматическую форму:

   1) Правитель сказал своей армии: «Иди в эту страну, (захватить) ее, я хочу, чтобы та страна стала моей!»

   2) Мало кто знает имена Пирогова, Сеченова, Филатова и других известных русских врачей, которые (войти в историю) мировой медицины.

   3) Когда ты вырастешь, ты, может быть, (войти в историю), а пока ты должен хорошо учиться.

   4) Многие сотни лет Китай (вести войну) против врагов, которые приходили с севера.

   5) Люди еще не поняли, какую беду принесли с собой автомобили. В будущем люди (вести войну) против множества автомобилей.

   6) Мы сели играть в сянци. «Я скоро (захватить) твоего короля!», - гордо сказал мой соперник.

3. Переведите предложения на русский язык; в переводе обязательно используйте глагол «объединиться» в нужной форме.

   1. 刘备联合吴国军队展开了对抗曹操的赤壁之战 (битва у Красной скалы).
   2. 我们和邻居家的小伙伴们一起组成了一只非常出色的足球队。
   3. 这本字典价值200元，但买得越多就越便宜！我们一起结账为全班同学都买一本吧。
   4. 我自己翻译这篇文章需要一周。我们合作完成吧，这样的话速度就会快一倍。

История России

Упражнения на усвоение фактического материала

1. Что вы запомнили о жизни восточных славян до начала истории Киевской Руси? В этой таблице есть утверждения правильные, а есть неправильные.

Факт о жизни восточных славян	Правильно	Неправильно
Восточные славяне жили и в Европе, и в Азии		
Восточные славяне оставили после себя много книг		
Древние историки считали восточных славян диким народом		
Восточные славяне строили города только на берегу моря		
Восточные славяне никогда не ели мясо и рыбу		
Восточные славяне имели врагов только на востоке		
Восточные славяне с самого начала своей истории были православными		

2. История – это наука о том, что было раньше, а что – позже. Расставьте данные исторические события по времени.

А. Крещение Руси

Б. Киев становится столицей русского государства

В. Святослав Игоревич ведет успешные войны против врагов Киевской Руси

Г. Рюрик приходит в Новгород

Д. Восточные славяне обращаются к варягам с просьбой дать им правителя

3. Продолжите эти предложения:

1) У восточных славян не было своего государства, а значит…

2) Сейчас на территории, где жили восточные славяне, находятся…

3) Соседями восточных славян были …

4) Столица Киевской Руси – город Киев – находится…

5) Князь Владимир Святославович долго выбирал…

УРОК 2. Киевская Русь в X-XII веках

ТЕКСТ А. Расцвет Киевской Руси

Вы заметили, что мы должны использовать римские цифры, когда говорим о веках? "Десятый век" - это X век, то есть время с 900 по 999 год. XV век - это время с 1400 по 1499 год. В каком веке мы сейчас живем? Правильно, в XXI веке (читать нужно "в двадцать первом веке", писать римскими цифрами - XXI). Не забывайте об этом!

X-XI века - это лучший период истории Киевской Руси, ее золотое время. Такие времена мы называем "**расцветом**", и мы можем сказать, что эпоха Тан в

Китае была эпохой расцвета экономики, науки и культуры.

Киевская Русь стала одним из самых сильных государств в Европе, у нее появилось название, правитель, религия, армия, деньги и свои законы.

Кроме Новгорода и Киева появились другие большие города - Чернигов, Псков, Муром, Переяславль. Появились первые книги, среди которых самой важной считается "Повесть временных лет" - летопись, в которой описывается начало истории Киевской Руси. Эту летопись, из которой мы можем узнать о Рюрике, Олеге и других героях древней истории, написал монах Нестор. Именно он и другие монахи, эти скромные и трудолюбивые люди, которых можно считать первыми историками, рассказали нам, как начиналась история России!

Страница древней летописи

Софийский собор в Киеве

В XI веке больших успехов добился князь Ярослав Владимирович, которого народ с уважением называл "Ярослав Мудрый". Это был по-настоящему способный и мудрый правитель, который составил для русского государства первую книгу законов под названием "Русская правда". Князь Ярослав Мудрый хотел, чтобы Киев стал самым красивым городом в мире, поэтому решил построить в центре Киева прекрасный Софийский собор. Именно во времена Ярослава Мудрого жители всех городов Киевской Руси начали понимать то, что они - единый русский народ.

Исторические термины:

"Пóвесть временны́х лет" — 《往年纪事》即《古史纪年》(俄罗斯古代编年史中最为完备、最有影响的一部编年史著作)

лéтопись — 编年史

Нéстор — 涅斯托尔 (《往年纪事》作者, 12世纪俄国作家, 基辅佩切尔修道院僧侣)

Яросла́в Му́дрый — 雅罗斯拉夫 (智者) (约978—1054, 基辅大公)

Софи́йский собо́р — 索非亚大教堂 (欧洲拜占庭风格中最经典的建筑之一, 属东正教教堂, 建于11世纪, 坐落于基辅市中心)

Запомните слова и выражения (работайте со словарем!):

расцвет (чего?; иногда в сочетаниях «период расцвета», «эпоха расцвета»; сочетается с глаголом «переживать») *В 1950-е годы советская культура переживает расцвет – появляются тысячи прекрасных фильмов, спектаклей, картин, книг. Говорят, что после 40 лет в жизни человека начинается расцвет. В настоящее время Китай переживает период расцвета мобильных телефонов и мобильного Интернета.*

монах (в первом значении – человек, который живёт в монастыре; во втором значении – слишком скромный человек, который отказывается от удовольствий обычной жизни) *На вокзале в Лояне я встретил человека в необычной одежде; мои друзья рассказали, что он – буддийский монах и живёт в монастыре Шаолинь. Друзья Валентина все курят и пьют пиво, а он не курит и не пьет, поэтому друзья называют его «монахом».*

трудолюбивый (только со словом «человек», антоним слова «ленивый») *Все говорят, что я ленивая девушка, а я, на самом деле, очень трудолюбивая, хотя никто об этом не знает. Юра всем говорит, что хочет выбрать себе не красивую, а трудолюбивую жену, чтобы она делала все домашние дела.*

мудрый (отличается от слова «умный» тем, что связано с возрастом и жизненным опытом, сочетается со словами «мудрый человек», «мудрые слова», «мудрое решение», «мудрая мысль» может сочетаться со словами «книга», «фильм», «произведение» в значение «имеет в себе мудрые мысли») *Конфуций был, несомненно, самым мудрым человеком своего времени. Мой дедушка – человек старый и мудрый – всегда говорил мне, что деньги в жизни – это не главное. Я долго думала, какой платье себе купить и приняла, кажется, мудрое решение – купила оба, ошибки быть не может!*

единый (единый народ, единая страна, единое мнение (=общее мнение), единый для всех (=одинаковый для всех, часто говорят о законах и правилах) *В 1949 году родился новый, великий, единый Китай. В истории русские и украинцы всегда были единым народом. Ты думаешь так, а я так не думаю, почему у нас должно быть единое мнение, мы же разные люди!*

 Ответьте на вопросы по тексту:

1. Какой период является золотым временем Киевской Руси?
2. В какой книге описывается начало истории Киевской Руси?
3. Почему князя Ярослава Владимировича называли «Ярослав Мудрый»?
4. Когда жители Киевской Руси начали понимать то, что они - единый русский народ?

ТЕКСТ Б. Распад Киевской Руси

У Ярослава Мудрого было пять сыновей. Наверное, Ярослав Мудрый (как любой из нас) был рад, что у него так много детей. Но в русской истории из-за этого **начались проблемы**. Каждый из сыновей Ярослава хотел быть правителем Киевской Руси, поэтому сыновья князя часто вели войны друг против друга, как писали тогда в летописях "брат пошёл на брата". Некоторые русские князья понимали, что такие войны внутри Киевской Руси намного страшнее, чем война с врагами из других стран. Одним из таких умных князей был Владимир Мономах (внук Ярослава Мудрого), один из самых лучших правителей Киевской Руси. Он сам отказался стать князем в Киеве только потому, что хотел объединить братьев, **прекратить** войну между ними. И в этом он добился успеха, но, к сожалению, ненадолго. Внуки Владимира Мономаха не были похожи на своего великого деда: каждый из них хотел сам получить **власть** в стране.

"Слово о полку Игореве"

В XII веке, **точнее**, в 1132 году, начинается **распад** Киевской Руси. Новгород, а потом и другие города больше не хотят считать Киев столицей, а киевского князя - правителем Руси. Этот период русской истории похож на "период Сражающихся царств" в китайской истории (до того как Цинь Шихуан объединил страну и сделал Китай сильным государством). Жизнь учит нас:

> Знаете ли вы, что правильно говорить "в Киевской Руси", "в Великом княжестве Московском", "в Русском царстве" (эти названия русского государства вы встретите в нашем учебнике позже), но "на Руси"? Почему? Ответ простой: Русь - это не государство, а земля (мы же говорим "на земле", "на территории").

любой человек сильнее, когда у него есть хорошие друзья, готовые помочь в любую минуту. История учит нас: большое единое государство всегда сильнее, чем несколько маленьких стран, которые не хотят помогать друг другу. Уже к середине XII века закончилась история единой и сильной Киевской Руси. На месте этой великой страны осталось больше десяти совсем маленьких стран - княжеств. Эти княжества всё время воевали друг с другом. Простые люди, которые жили в южной части Руси, устали от войны и стали уезжать на север - в более спокойные места. Там появляются и начинают расти новые города - Владимир, Суздаль, Ростов, Дмитров (сейчас все это маленькие города, расположенные вокруг Москвы). Самым крупным городом на Руси постепенно становится Владимир. В 1147 году в русских летописях впервые появляется слово "Москва": важнейшее слово в истории России.

В XII веке на Руси было написано первое великое произведение русской литературы - "Слово о полку Игореве". Из этой книги мы можем многое узнать о жизни русского народа в то непростое время.

Исторические термины и географические названия:

пери́од Сража́ющихся царств—战国时期（公元前475年–公元前221年）

Цинь Шихуа́н—秦始皇（前259年–前210年，中国历史上首位皇帝）

кня́жество—公国

Влади́мир—弗拉基米尔（城市名，位于俄罗斯中央区）

Сло́во о полку́ И́гореве—伊戈尔远征记（俄罗斯古代文学文献）

Запомните слова и выражения (работайте со словарем!):

начина́ться (о проблемах) (= появиться, используется во всех грамматических формах) *Ненавижу интернет-магазины! Каждый раз, когда я покупаю что-то в Интернете начинаются проблемы. Доктор спросил у меня: «Когда у вас начались проблемы со здоровьем?». Я даже не хочу разговаривать с начальником об этом деле. Как только я ему об этом сообщу, сразу начнутся проблемы.*

прекратить (что? или что делать?; часто в повелительном наклонении – прекрати(те)!) *Обе страны устали от войны, но ни одна из них не хотела войну прекращать. Прекратите разговаривать! На занятии должно быть тихо! Сколько раз я говорила сыну, чтобы он прекратил играть в компьютерные игры, а он всё не прекращает.*

власть (с глаголами «иметь», «получить», «взять», «потерять») *В Англии власть имеет не только королева, но и парламент, у которого власти даже больше. В этой стране президент такой популярный, он не потеряет власть еще много лет. Анатолий слишком любит власть, он всё сделает для того, чтобы стать начальником.*

точнее (используется как вводное слово, выделяется запятыми). *Я заплатил за эту книгу около 1000 рублей, точнее, 990 рублей. Игорь плохо учится, точнее, он не хочет учиться; если бы он хотел, он бы учился хорошо. Погода сегодня не очень, точнее, совсем плохая.*

распад (чего? В сочетаниях «распад страны», «распад семьи», «распад коллектива») *В Канаде говорят на английском и на французском языках, этот факт может привести к распаду страны на две части. Жена говорит, что именно муж виноват в распаде их семьи, потому что он совсем не заботился о ней и о детях.*

 Ответьте на вопросы по тексту:

1. Какая проблема появилась из-за того, что у Ярослава Мудрого было много детей?
2. Почему Владимир Мономах отказался стать князем в Киеве?
3. Когда начинается распад Киевской Руси?
4. С каким периодом китайской истории можно сравнить историю распада Киевской Руси?
5. Как называется первое великое произведение русской литературы?

После урока

Языковые упражнения

1. Переведите данные предложения с китайского языка, используя выражение «начались (начинаются, начнутся) проблемы»

1) 如果您还不进行体育锻炼，您一定会出现健康问题。
2) 当我刚买这台笔记本电脑的时候，它工作得很好，但一周以后就开始出现问题了。
3) 去年安东的工作出现了很严重的问题，所以今年他不得不重新找一份工作。
4) 这个篮球队在两名最优秀的球员退出之后，马上在比赛中开始出现问题。

2. Из следующих словосочетаний выберите правильные:
Трудолюбивый человек, трудолюбивый мужчина, трудолюбивые руки, трудолюбивый характер, трудолюбивый студент, трудолюбивый писатель, мудрые слова, мудрые мысли, мудрые компьютеры, мудрый ребёнок, мудрое решение, мудрая погода, мудрый студент, мудрое стихотворение, мудрый магазин.

3. Соедините эти предложения, используя слово «точнее»

1) Я плохо знаю, как живут люди в Китае. Я совсем ничего об этом не знаю.
2) Я был в Москве несколько раз. Я был в Москве четыре раза.
3) Это было лет двадцать назад. Это было в 1996 году.
4) Я совсем не понял, о чем говорила эта китаянка. Я понял некоторые слова, но я не понял, чего она хотела.
5) Я не очень люблю китайскую кухню. Мне нравятся некоторые блюда, но только неострые.

История России

Упражнения на усвоение фактического материала

1. Каких успехов достигла Киевская Русь в X-XII веках? Что в этом государстве было, а чего еще не было?

Было или не было?	Было	Не было
Книга законов «Русская правда»		
Религия		
Университет		
Деньги		
Собор		
Земля в Сибири		
Армия		
Музей «Эрмитаж»		
Большие города, кроме Киева		
Учебники китайского языка		
Морской флот		
Летопись		

2. Заполните таблицу, соедините понятия, которые связаны друг с другом.

«Повесть временных лет»	В древних книгах появилось слово «Москва»
Владимир Мономах	Первая великая художественная книга
«Слово о Полку Игореве»	Сборник законов Ярослава Мудрого
1147 год	Прекрасный собор в центре Киева
Софийский собор	Самый лучший русский князь XII века
«Русская правда»	Первая историческая книга – летопись

3. В первом и втором уроке мы познакомились уже со многими правителями Киевской Руси. История – это наука о том, кто жил раньше, а кто жил позже. Расположите этих правителей в историческом порядке.

Владимир Мономах, Святослав Игоревич, Рюрик, Владимир Святославович, Олег, Ярослав Мудрый, Игорь.

Как всё начиналось **ТЕМА 1**

■ **Завершая тему: речевые творческие задания**

1. Используйте ваши знания по русской истории! Посмотрите на эти картинки и скажите, какие исторические события или исторические личности на них изображены. Обязательно объясните, почему вы считаете именно так.

2. Представьте, что вы – художник. Вам дали задание – написать картину под названием «Киевская Русь». Что вы будете делать? Что будет на вашей картине, а чего не будет?

3. Вспомните тему «Мой день», которую вы изучали на I курсе. Представьте себе, что вы живете в древнем Киеве в XII веке. Кем бы вы хотели быть – крестьянином, охотником, торговцем, монахом, князем или кем-то другим? Как вы представляете себе свой день – с утра до вечера? Чем жизнь людей в Киевской Руси в те времена отличается от современной жизни?

4. У многих русских князей были интересные прозвища: Владимир Красное Солнышко, Ярослав Мудрый, Владимир Мономах (это слово значит «один борется против врагов»), Всеволод Большое гнездо (потому что у него было 12 детей) и другие. Какие прозвища вы можете придумать для своих товарищей по группе?

5. (для сильных студентов) История страны – это история разных решений, которые принимают ее правители. Попробуйте дать оценку перечисленным здесь решениям. Расскажите, правильное ли это было решение или, на ваш взгляд, неправильное? Расскажите, какую пользу принесли эти решения для русского государства.

А) Восточные славяне пригласили правителя из варягов (может быть, нужно было выбрать правителя из славян? Почему же славяне этого не сделали? А, может быть, они поступили правильно? Почему?)

Б) Олег делает столицей русского государства город Киев (может быть, стоило выбрать какой-то другой город? Какой и почему? А, может быть, Олег поступил мудро? Почему?)

В) Владимир Святославович выбирает для Руси православие (может быть, нужно было выбрать буддизм или другую религию? Почему? А, может быть, Владимир не ошибся?)

Г) Дети Ярослава Мудрого начали войну друг против друга (может быть, не нужно было этого делать? А, может быть, они поступили правильно?)

Москва не сразу строилась

В истории России было очень много трудных периодов, и одним из самых трудных было время с XIII до XV века, когда враги захватили русские земли, разрушили русские города, в том числе и прекрасный Киев, и красивый Владимир, и тогда еще молодую Москву. Русская культура и русский язык могли навсегда исчезнуть, история России могла закончиться еще в XIII веке. Русский народ в конце концов сумел победить врагов и снова построить сильное государство, хотя на это ушло 240 долгих лет, сохранить свой язык и свою культуру. История продолжается!

УРОК 1. Враги с востока, враги с запада

ТЕКСТ А. Монголы приходят на Русь

Все вы хорошо знаете, что император Цинь Шихуан решил построить Великую Китайскую стену для того, чтобы **защищаться** от врагов с севера. Но даже эта **гигантская** стена не помогла остановить огромные армии монголов, которые в XIII веке смогли победить в войне китайское <u>государство Сун</u>. Может быть, если бы в XIII веке Киевская Русь еще была бы сильным государством, то русские бы тоже смогли построить большую стену, чтобы защититься от <u>монголов</u>, которые пришли на русские земли с востока. Но русские князья продолжали воевать между собой, многие князья надеялись, что монголы будут воевать только с его соседями, но не с ним. Это была большая ошибка!

Монголо-татары на войне

<u>Монголо-татары</u> пришли на русские земли в 1223 году. На <u>реке Калке</u> (сейчас на территории Украины) их встретили армии четырех русских князей. Если бы эти князья объединились, то они смогли бы легко победить монголов.

> Интересно, что русские тогда называли своих врагов с Востока словом "татары", поэтому в книгах по истории часто можно увидеть слово "монголо-татары". Монголо-татары часто возвращались на Русь, когда их никто не звал, и приносили русским людям много бед. Так появилась русская пословица "Незваный гость хуже татарина" (это значит, нельзя приходить в гости без приглашения).

Но один из князей, **гордый** и самоуверенный человек, решил победить монголов **в одиночку**.

Это тоже была большая ошибка, которая привела к **поражению** русских князей. Через 14 лет монголы с огромной армией пришли на русские земли во второй раз. В 1237-1238 годах монголы взяли русские города Рязань и Владимир, в 1240 году они взяли Киев. Половина жителей этих городов была убита, многие дома и соборы **погибли** в огне. В Москве не осталось почти ни одного дома! (Потом Москва была построена еще раз). В 1241 году монголы ушли, а русские должны были каждый год присылать им деньги и дорогие подарки (это называлось «<u>платить дань</u>»). Кроме того, русские князья продолжали воевать между собой, и монголы с радостью помогали им в этом. Это было очень тяжелое время и для русских людей, и для русской культуры, которая развивалась в те годы намного медленнее, чем культура Европы.

Монголо-татары взяли Москву (из летописи)

 Исторические термины и географические названия:

монго́лы—蒙古人；（别名）монго́ло-тата́ры—蒙古-鞑靼人
река́ Ка́лка—卡尔卡河（流入亚速海）
дань—贡赋，плати́ть дань—缴纳贡赋

 Запомните слова и выражения (работайте со словарем!):

защища́ться (от кого? от чего?) Дом помогает человеку защищаться от дождя и ветра. В баскетболе одна команда нападает, а другая – защищается. Каждый мальчик должен уметь защищаться, если его обижают.

гига́нтский – (синоним слов «огромный» и «громадный», но с еще более сильным значением) *Великая Китайская стена – гигантское сооружение, которое видно даже из космоса. В экономике России в 1990-е годы были гигантские проблемы. Британская империя к XIX веку достигла гигантских размеров.*

гордый – (если без предлога, то с отрицательным значением, в положительном значение «гордый за кого?», «за что?») *Алексей учится лучше всех, но друзей у него нет: он гордый, думает, что самый умный. Я признался Анне в любви, но она сказала, что я ее не интересую! Какая гордая, кто же тогда ей нужен, может быть, принц? Мать была очень гордой за своего сына: он успешно сдал экзамены в Пекинский университет.*

В одиночку (отличается от слов «сам» и «самостоятельно» тем, что обычно используется в предложениях с отрицательным значением – трудно что-то делать в одиночку, не могу в одиночку и т.д.) *Даже самое несложное дело трудно сделать в одиночку. Игорь – очень жадный мальчик. Если родители присылают ему что-то вкусное, он всегда ест это в одиночку, никогда не делится с товарищами по общежитию. Жить в одиночку скучно и грустно, люди должны всегда быть вместе.*

поражение (от кого?, используется с глаголом «потерпеть», антоним слова «победа», часто используется в темах «Спорт» и «Война», в бытовых разговорах лучше использовать слово «неудача») *У этой футбольной команды пока поражений намного больше, чем побед, она точно не станет чемпионом. Наша команда потерпела обидное поражение от команды другого факультета. В 1941 году у Красной Армии побед было меньше, чем поражений.*

погибнуть (несов. вид – гибнуть, не путайте с глаголом «умирать») *Мы говорим, что человек умер, если он умер от болезни или от старости, но если жизнь закончилась по другой причине, мы говорим, что человек погиб. Во время войны всегда погибает много людей, поэтому война – это очень плохо. Из-за того, что человек плохо относится к природе, погибают (гибнут) животные и растения.*

Ответьте на вопросы по тексту:

1. Почему император Цинь Шихуан решил построить Великую Китайскую стену?
2. Когда монголо-татары пришли на русские земли?
3. Какая ошибка привела к поражению русских князей?
4. Почему русская культура развивалась намного медленнее, чем культура Европы?

ТЕКСТ Б. Александр Невский

Северные русские города (Новгород и Псков) сохранились, монголы до них не дошли. Но не нужно думать, что у русских не было других врагов, кроме монголо-татар. Западные соседи русских земель - немцы и шведы - тоже очень хотели захватить богатые города Новгород и Псков. Когда монголы напали на Русь с востока, шведы и немцы подумали, что наступило удачное время **напасть** на Русь с запада. В 1240 большая армия шведов начала **поход** на

Новгород. Они были уверены в своей победе и даже прислали в Новгород такое самоуверенное письмо: "Можете попробовать защищаться, но мы все равно победим". История учит нас: **самоуверенность** никогда не приводила к успеху!

Новгородским князем в то время был прекрасный военачальник Александр Ярославич. С маленькой армией он быстро вышел навстречу врагу. Пока шведы отдыхали на берегах Невы, Александр неожиданно напал на них и быстро победил! Эта победа на Неве показала талант и силу Александра, которого стали называть "Александр Невский".

В 1241 году Александр Невский успешно воевал против немцев, освободил город Псков и другие русские земли от врагов. 5 апреля 1242 года Александр Невский на берегу Чудского озера встретился с большой и сильной армией немецких рыцарей. На севере России в апреле еще довольно холодно, на озере еще был лёд. Битва на льду Чудского озера, в которой русская армия победила врагов, в истории получила название "Ледовое побоище".

Почтовая марка "Александр Невский"

Александр Невский стал известным русским героем, потом еще несколько раз побеждал врагов, которые боялись не только его, но даже его имени. Александр Невский стал первым русским князем, который попытался **освободить** Русь от монголо-татар, к сожалению, эта смелая попытка **закончилась неудачей**. В СССР и современной России **орден** Александра Невского был наградой для самых лучших русских военачальников.

 Исторические термины и географические названия:

Псков—普斯科夫（俄罗斯北部城市）

Алекса́ндр Не́вский—亚历山大·涅夫斯基（1220-1263，诺夫哥罗德大公，弗拉基米尔大公）

Чудско́е о́зеро—楚德湖

ры́царь—骑士

Ледо́вое побо́ище—冰上激战（1242年在楚德湖冰面上罗斯军队与日耳曼骑士团的激战）

Запомните слова и выражения (работайте со словарем!):

нападать (антоним глагола «защищаться», нападать «на кого», в выражениях «напал голод», «напала злость», «напала обида» - о неожиданном и очень сильном чувстве) *Юрий очень боялся собак: в детстве на него напала большая собака и укусила его. Не надо гулять ночью – на вас могут напасть плохие люди. Не надо нападать на Игоря, да, он виноват, но он уже это понял и больше не будет поступать плохо. Когда я услышал эти слова, на меня напала такая обида, что я заплакал.*

поход (идти в поход, отправиться в поход, вернуться из похода; есть два значения – военный поход и туристический поход) *Киевский князь Олег начал долгий военный поход против Византии. В 1970-е годы любимым увлечением советских людей было ходить в походы. Давайте пойдем в поход в горы, будем сидеть у костра и петь песни.*

самоуверенность (только с отрицательным значением, не путайте с «уверенность в себе» - с положительным значением) *Ты слишком часто говоришь, что это слишком легко, у тебя уже не уверенность в себе, а самоуверенность! Петр долго говорил всем, что сдаст экзамен совсем без подготовки, за свою самоуверенность он получил 0 баллов.*

освободить (кого? от чего?) *В августе 1945 года Красная армия вместе с китайскими патриотами освободила Северо-Восток Китая от японцев. Я плохо себя чувствую, прошу освободить меня от занятий. Профессор Иванов так занят с этим переводом, что попросил декана освободить его от другой работы. Я нашёл в лесу птицу, которую хотели поймать плохие люди, я освободил ее – пусть летит в небо!*

закончиться неудачей (=закончиться неудачно) *Моя попытка найти хорошую работу снова закончилась неудачей; наверное, я никогда не найду хорошую работу! Соревнования по футболу закончились для команды России неудачей – команда не попала в финал. Сначала строительство моста закончилось неудачей: мост упал, нужно было строить еще раз.*

орден (получить орден (за что?), вручить орден (кому?) (за что?); наградить орденом (кого? за что?) *Орден – это обычно более почетная награда, чем медаль. На груди у ветерана – десятки орденов и медалей, они красиво блестят на майском солнце, есть среди них и самый главный орден – это маленькая золотая звёздочка, «Золотая звезда Героя Советского Союза».*

 Ответьте на вопросы по тексту:

1. Какие враги хотели захватить Новгород и Псков?
2. Когда армия шведов начала поход на Новгород?
3. Почему Александра Ярославовича стали называть «Александр Невский»?
4. Как называется битва на льду Чудского озера?
5. Кому вручают орден Александра Невского?

История России

После урока

Языковые упражнения

1. Выберите нужный глагол – «нападать» или «защищаться» и поставьте его в нужной грамматической форме.

1) Летом в лесу так много комаров! Когда ты был в лесу, как ты от них _____?

2) Если на нашу страну _____ враги, то наша армия сможет их победить.

3) Иван ударил Сергея по лицу, но Сергей даже не закрыл лицо руками. Тогда Иван ударил еще раз и спросил: «Ты почему не _____»?

4) Если ты будешь регулярно мыть руки, то сможешь _____ от многих болезней.

5) Волк – опасное животное, он _____ на коров, овец и других домашних животных.

6) На меня _____ такой голод, что я съел четыре тарелки риса.

2. В этих предложениях поставьте слова в нужном порядке.

1) Задача, сделать, очень трудная, которую, в одиночку, не сможешь, это, ты.

2) Лучше, друзей, в одиночку, в такой, нельзя, отправляться, взять с собой, долгий поход.

3) Освободили, поэтому, должны, в Пекин, их, Иван и Андрей, на соревнования, от занятий, ехать.

4) Так много места, от старой одежды, сейчас, освободил, шкаф, в нём, я.

3. Переведите эти предложения с использованием слов «самоуверенность» или «уверенность в себе».

1) 由于过分自信，伊万经常承担一些自己无法完成的工作。

2) 对于飞行员来说最重要的品质就是自信，没有自信是不能成为飞行员的。

3) 当运动员失去了自信心，他是很难取优异成绩的。

4) 过分自信使这个经验丰富的象棋选手输给了一个有天赋的年轻对手。

4. Вставьте нужные предлоги в предложениях со словом «поход».

1) Мы _____ друзьями решили отправиться _____ поход _____ горы.

2) _____ похода мы очень устали и _____ следующий день проснулись только _____ полдень.

3) Антон и Сергей очень любят ходить _____ походы. Завтра они отправляются _____ поход _____ Крым. Они будут идти пешком 4 дня, а _____ пути они будут спать _____ лесу.

4) Я не могу жить _____ походов. Неделя _____ похода – это время, которое я потерял.

Москва не сразу строилась ТЕМА 2

Упражнения на усвоение фактического материала

1. В истории так много событий, трудно запомнить, что было на самом деле, а чего не было. Давайте разберемся!

Исторический факт	Было	Не было
Монголы в 1223 году начали присылать русским деньги и подарки		
В 1225 году монголы снова пришли на Русь		
В 1237 году монголы взяли Рязань и Владимир		
Монголы сказали: «Мы не пойдем в Москву, это очень далеко»		
Александр Невский воевал против шведов и немцев		
В 1241 году Александр Невский освободил от немцев Псков		
В 1242 году Александр Невский взял Москву и стал там князем		
В 1242 году Александр Невский победил немецких рыцарей		

2. Заполните эту таблицу.

Событие	Враги	Год
		1223
Взятие Рязани и Владимира		1237-1238
	Монголы	1240
Невская битва	Шведы	
Ледовое побоище		

УРОК 2. Москва объединяет Россию

ТЕКСТ А. Москва растет

Москва - это, конечно, не такой древний город, как Пекин, но у него тоже долгая и интересная история. Считается, что Москву **основал** князь <u>Юрий Долгорукий</u> (памятник ему стоит в центре Москвы), но это только **легенда**. Историки говорят, что город Москва был еще в конце X века. Но это был маленький город, а точнее - большая деревня. Настоящим городом Москва стала только в конце XIII века. Но даже тогда в Москве еще не было ни одного дома из камня (все дома были **деревянные**). Москва строилась и росла не очень быстро, но все-таки росла и становилась все крупнее и важнее.

В начале XIV века в Москве правил князь <u>Иван Данилович</u>, которого

> В песне "Александра" из знаменитого советского фильма "Москва слезам не верит" (обязательно посмотрите этот фильм!) есть такие слова: "Не сразу все устроилось, Москва не сразу строилась". Слова "Москва не сразу строилась" - это русская поговорка, которая значит "Не нужно торопиться, для больших достижений обязательно нужно время". Москва, действительно, строилась не сразу: историки говорят, что город на месте Москвы появился еще в конце X века, но самым важным русским городом Москва стала только через 400 лет!

еще называют Иван Первый. Он смог убедить монголо-татар, чтобы те не приходили в Москву, а сам делал очень многое для того, чтобы Москва стала большим и красивым городом. Именно в это время внутри знаменитого <u>Кремля</u> стали появляться соборы из белого камня (в том числе были построены <u>Успенский и Архангельский соборы</u>), а стены Кремля построили из **дуба**, самого крепкого дерева. Потом и стены Кремля тоже построили из белого камня, и красивый город Москву стали часто называть "Москва белокаменная".

В 1359 году московским князем стал внук Ивана Первого Дмитрий Иванович. В это время Москва уже была большим и сильным городом, многие русские князья готовы были помочь ей **в случае** войны с монголо-татарами. Москва выросла и готова была стать столицей нового русского государства. Дмитрий Иванович решил: "Хватит платить дань монголо-татарам!".

 Исторические термины:

Ю́рий Долгору́кий—尤里·多尔戈鲁基（11世纪90年代—1157，苏兹达里大公和基辅大公）

Ива́н Дани́лович (другое название) Ива́н Пе́рвый—（？—1340，莫斯科大公，弗拉基米尔大公）

Моско́вский Кремль—克里姆林宫
Успе́нский собо́р—圣母升天大教堂
Арха́нгельский собо́р—天使长大教堂

 Запомните слова и выражения (работайте со словарем!):

основать (что? Как правило, со словом «город», можно и «основать династию») *Мой родной город - Комсомольск-на-Амуре - основали молодые люди и девушки, которые приехали на берег Амура в 1932 году. Там, где раньше был только лес, основали новый красивый город. Город Сиань (тогда он назывался «Чанъань») основал Гао-цзу, который также основал династию Хань.*

легенда (синоним слова «предание» (нет разницы) отличается от сказки и т.д. тем, что всегда включает в себя исторических героев или исторические события, но иногда, редко, используется как синоним слова «миф» (то есть, не связано с историей) *На Кавказе я услышал красивую старинную легенду о том, как в древние времена одна девушка из-за несчастной любви превратилась в птицу. О любом великом человеке в истории, например, о Петре Первом, ходит много легенд.*

деревянный (не путать с «деревенский»; «деревянный», как правило, обозначает материал, но имеет множество переносных значений, например, деревянные ноги (плохо двигаются), деревянный голос (не очень естественный), деревянное лицо (без чувств), деревянные фрукты (слишком жесткие) *Старинные деревянные дома в таких городах как Владимир и Суздаль очень красивы, я бы хотела жить в таком доме. Раньше русские ели только деревянными ложками. Хлеб полежал три дня и стал совершенно деревянным, есть его теперь нельзя.*

дуб (прилагательное – дубовый, на дубе (можно и «на дубу»), *под дубом) У бабушки в деревне недалеко от дома растет большой старый дуб, я любил отдыхать под этим дубом. Картина русского художника Шишкина «Дубы» - шедевр русской живописи.*

в случае (чего?) *В случае болезни необходимо сразу обратиться к врачу. В случае опасности ребенок всегда ищет свою маму. В случае опоздания на экзамен вы потеряете право сдавать экзамен, вам придется прийти в следующем году. В случае победы в этом последнем матче команда становится чемпионом мира.*

Ответьте на вопросы по тексту:

1. Кто, по легенде, основал Москву?
2. Когда Москва стала настоящим городом?
3. Почему Москву стали называть "Москва белокаменная"?
4. Какое решение принял Дмитрий Иванович после того, как Москва стала столицей нового русского государства?

ТЕКСТ Б. Куликовская битва

Монгольский военачальник <u>Мамай</u> очень хотел **наказать** смелого русского князя, который отказался платить ему дань, собрал огромную армию и пошел в поход на Русь. Русские князья помнили о поражении русских на реке Калке в 1223 год, поэтому не **повторили той страшной ошибки** и помогли Дмитрию в войне против монголов. Дмитрий нашел для битвы с врагом хорошее место: небольшое <u>Куликово поле</u> между <u>Доном</u> (большой рекой) и <u>Непрядвой</u> (маленькой речкой). Там

Дмитрий Донской во время Куликовской битвы

Перед Куликовской битвой

8 сентября 1380 года началась <u>Куликовская битва</u> - важное событие в русской истории. Двум большим армиям было **тесно** на маленьком поле, погибло много людей. Мамай наблюдал за битвой с высокой горы, а Дмитрий сам смело участвовал в битве вместе со всеми. Русские военачальники оказались умнее, им удалось победить монголо-татар. За эту великую победу на реке Дон Дмитрия стали называть "<u>Дмитрий Донской</u>" (как Александра Невского).

Это была первая большая победа русских над монголо-татарами. Она заставила русских поверить в то, что даже такого сильного врага можно победить. К сожалению, победа в Куликовской битве не помогла Москве стать свободным городом. В 1382 монголо-татары снова захватили Москву и убили многих ее жителей. Только через 100 лет, в 1480 году, русские **окончательно** победили врагов с востока.

Исторические термины:

Мама́й—马迈（? - 1380，鞑靼军事长官，金帐汗国的实际统治者）

Кулико́во по́ле—库利科沃原野（今图拉州库尔地区）

Дон и Непря́два—顿河和涅普里亚德瓦河（两条河，库利科沃原野位于两河之间）

Кулико́вская би́тва—库利科夫卡战役

Дми́трий Донско́й—德米特里·顿斯科伊（1350-1389，莫斯科大公和弗拉基米尔大公）

Запомните слова и выражения (работайте со словарем!):

наказать (кого? за что?) *Родители никогда не наказывали меня за плохие отметки. Если ты будешь плохо себя вести, я тебя накажу. Мы играли в баскетбол с командой другого факультета, мы их очень боялись, потому что слышали, что они очень сильные; но они играли слишком самоуверенно, и мы наказали их за самоуверенность и победили.*

повторить ошибку (ошибку кого? или чью? ошибку) *Учитель недоволен: сначала Женя сделала ошибку, а потом все студенты повторили ошибку Жени. Я в детстве плохо учился, сейчас не могу найти хорошую работу, не хочу, чтобы дети повторили* мою ошибку. Ошибка – это не беда, её всегда можно исправить, но если ты повторяешь одни и те же ошибки – это беда.

тесно (кому? где?, иногда от чего? – в значении «слишком много», «в чём» - о том, что что-то уже не подходит, например, в этой обуви мне тесно, на этой работе ему тесно) *На вокзале было тесно: студенты возвращались домой после конца семестра. Я помню, как в детстве мы с родителями и братьями жили впятером в маленькой комнате, и нам в ней не было тесно. В комнате тесно от мебели. На столе было тесно от вкусных блюд. В этом городе мне тесно, поеду в Москву. Вы очень высокий, вам в такой маленькой машине будет тесно, вам нужно покупать большую машину.*

окончательно (часто сочетается с глаголом «решить» или другим глаголом, который выражает выбор или решение) *После того, как меня в пятый раз обманули на рынке, я окончательно решил, что больше на рынок не пойду. Иван два раза бросал учёбу в университете, но всегда возвращался; недавно он бросил учёбу в третий раз, на этот раз окончательно, в университет он больше не вернется.*

Ответьте на вопросы по тексту:

1. Какое место для битвы с Мамаем выбрал Дмитрий Иванович?
2. Когда началась Куликовская битва?
3. Что во время Куликовской битвы делал Дмитрий Донской?
4. Когда русские окончательно победили врагов с востока?

ТЕКСТ В. Москва – центр нового русского государства

Наступил XV век. Москва стала самым крупным и важным русским городом. Но русские земли до сих пор не были едины, русские князья до сих пор воевали друг с другом, **время от времени** на Русь приходили враги. Жизнь русского народа в те времена совсем не была лёгкой! Но всё плохое когда-нибудь заканчивается. Московским князем стал Иван III (правнук Дмитрия Донского и дед Ивана Грозного), который был правителем целых 43 года! За это время случилось два важных события: во-первых, большинство русских князей **признали** московского князя Ивана III главным правителем всех русских земель,

> Вы уже знаете, что мы используем римские цифры для обозначения веков. Но мы используем их и для обозначения русских правителей. Так, мы должны читать "Иван Третий", но писать Иван III; читать "Петр Первый", но писать Петр I. Во Франции одного правителя звали Людовик XVI (шестнадцатый), в России не было таких больших цифр. Всего в русской истории среди правителей было шесть Иванов, три Василия, три Александра, три Петра. Как видите, Иван - самое распространённое русское имя!

> Русские земли снова объединились в большое государство в XV веке, пока оно еще называлось "Великое княжество Московское", потому что его столицей была Москва. Но московский князь понимал свое новое высокое положение и называл себя не только "Великий князь Московский", но и "Государь всея Руси" (правитель всей Руси).

а во-вторых, <u>Великое княжество Московское</u> наконец-то стало свободным государством, которое больше не **подчинялось** монголо-татарам. Это была великая страница русской истории: Москва стала русской столицей до начала XVIII века. Правда, объединение русских князей было долгим делом: его закончил только сын Ивана III, <u>Василий III</u> (отец Ивана Грозного). Василий III был уверен, что у русского государства может быть только один правитель, который должен сам принимать все решения. Такого в русской истории раньше не было никогда: даже великие правители Киевской Руси Рюрик, Владимир и Ярослав обычно **советовались** со своими друзьями и помощниками. Постепенно в России устанавливается <u>самодержавие</u>. Русское государство в то время еще называли по-разному: и Московская Русь, и Московская земля, и даже Московия, к концу XV века в книгах и летописях мы начинаем встречать новое слово - "Россия".

После долгого перерыва начинает развиваться и русская культура. В начале XV века русский художник <u>Андрей Рублев</u> написал свою знаменитую <u>икону "Троица"</u>. В конце XV века еще красивее стал Московский Кремль (его построили по-новому, из красных камней), а внутри Кремля появились прекрасные соборы - Успенский и Благовещенский. Создавать всю эту красоту русским мастерам помогали знаменитые мастера из Италии.

"Троица" (Андрей Рублев)

Исторические термины:

Ива́н III — 伊凡三世（1440—1505，莫斯科大公）
Ива́н IV или Ива́н Гро́зный — 伊凡四世（雷帝）（1530—1584，俄国第一个沙皇）
Вели́кое кня́жество Моско́вское — 莫斯科公国
Васи́лий III — 瓦西里三世（莫斯科大公，伊凡雷帝之父）
самодержа́вие — 君主专制制度
Андре́й Рублёв — 安德烈·卢布廖夫（俄罗斯圣象画家）
Ико́на "Тро́ица" — "三位一体"圣像（绘于1427年，最伟大的俄罗斯圣像画代表作）

Москва не сразу строилась ТЕМА 2

 Запомните слова и выражения (работайте со словарем!):

время от времени (синоним «иногда», обычно со значением «довольно редко») *Время от времени я получаю странные сообщения на телефон: «Привет! Пришли мне 100 юаней!». Заниматься спортом нужно постоянно, а не время от времени. Рыбалка – это моё главное хобби; обычно я езжу на реку только на один день, но время от времени мы собираемся с друзьями и уезжаем на рыбалку на 2-3 недели.*

признавать (сов. вид – признать, признавать что?, или признавать что? чем? или кого? кем?) *Я должен признать, что у тебя есть талант – ты поёшь красивее меня. Антон признал свои ошибки и попросил у товарищей прощения. Катю признали самой красивой девушкой нашего университета. До XX века русский язык не признавали важным для международного общения языком.*

подчиняться (сов. вид «подчиниться», кому? чему?) *В нашей компании главный начальник – Андрей Иванович; ему подчиняется Игорь Сергеевич, он второй человек в нашей компании; Игорю Сергеевичу подчиняется Виктор Львович, а я подчиняюсь Виктору Львовичу; а мне никто не подчиняется, я в компании маленький человек. Если ты не будешь подчиняться полиции, у тебя будут большие проблемы. Я не хотел смотреть этот фильм про любовь, но моя девушка настаивала, поэтому я должен был подчиниться.*

советоваться (с кем? о чем?) *Муж обиделся на жену, потому что она всегда покупает дорогую одежду и не советуется с ним об этом. Перед важными решениями Ярослав часто советуется со своим старшим братом о том, что ему нужно делать. Давайте посоветуемся о том, как нам всем вместе весело и интересно провести каникулы.*

 Ответьте на вопросы по тексту:

1. Сколько лет Иван III был правителем всех русских земель?
2. Как называли русское государство в XV веке?
3. Кто и когда написал знаменитую икону "Троица"?
4. Кто помогал русским мастерам создавать Кремль в конце XV века?

После урока

Языковые упражнения

1. Переведите на русский язык, используя слово «тесно».
1) 我的朋友安东、他的父母、奶奶和我都坐在车里，车里非常拥挤。
2) 所有街道上都是车，无法骑自行车，只有在公园里可以骑。
3) 电影《办公室的故事》男主角不甘于做一个普通职员，他想成为领导。
4) 在地铁里，阿丽娜旁边坐着一个可爱的年轻人。他问道："您不觉得挤吗？", 阿丽娜觉得他想和自己认识。

5) 和真正的朋友一起，即使是在最狭窄的路上也不会觉得拥挤。

2. Добавьте предлоги, если нужно, и поставьте слова в скобках в нужную грамматическую форму.

1) Отец говорил: «Я наказываю (ты) не (лень), а потому, что ты не понимаешь, как важно учиться.

2) Маша наказала (Иван) (плохое отношение) к ней: она нашла себе другого молодого человека.

3) Не надо наказывать (ребенка), пока он не понимает (что) его наказывают.

4) Все туристы признают Ханчжоу (самый красивый город Китая).

5) Мне было очень трудно признать (своя ошибка) и извиниться.

6) Ты никогда (я) не советуешься (свои планы).

7) Перед тем, как поехать туда, (ты) надо было посоветоваться (я).

3. Эти предложения нужно изменить так, чтобы не было слова «если». Используйте для этого слово «в случае (чего?)».

1) Возьми зонт. Он тебе будет нужен, если пойдет дождь.

2) Я знаю, что делать, если будет пожар. Тогда нужно позвонить по телефону 01.

3) Если вы заболели, не надо приходить на занятия, лучше остаться дома.

4) Если приедет начальник, нужно сделать вид, что мы все старательно работаем.

5) Если ты почувствуешь опасность, кричи «Мама!». Тебе обязательно помогут.

Упражнения на усвоение фактического материала

1. В этом тексте мы познакомились с некоторыми московскими князьями. Поставьте их имена в историческом порядке:

Иван Данилович, Иван Грозный, Василий III, Юрий Долгорукий, Иван III, Дмитрий Донской.

2. Александр Невский и Дмитрий Донской – две великие личности в истории России. Какие слова относятся к этим личностям?

Характеристика	Александр Невский	Дмитрий Донской
Стал знаменитым как защитник Руси от врагов		
Жил в XIII веке		
Жил в XIV веке		
Победил врагов на реке Дон		
Победил врагов на реке Нева		
Был московским князем		
Был новгородским князем		
Его имя носит известный орден для военачальников		

3. Продолжите предложения:

1) До конца XIII века Москва была…

2) Москву иногда называют «Белокаменная», потому что…

3) В 1382 году монголо-татары…

4) Во времена Ивана III Москва стала…

5) В XV веке иностранцы называли русское государство ….

Завершая тему (речевые и творческие задания)

1. Посмотрите на эти картинки. На одной из них изображён немецкий рыцарь, на другой – монгольский всадник (骑士). Попробуйте описать их. На кого они похожи? Какие чувства у вас вызывают? Нужные вам слова можно посмотреть в словаре.

2. Это известная картина русского художника Александра Бубнова «Утро на Куликовом поле». Что вы на ней видите? Как вы думаете, почему эта картина стала такой известной?

3. Представьте, что вы – московский князь. Ваша мечта – сделать Москву самым красивым русским городом. Что для этого нужно сделать? Составьте список ваших решений для того, чтобы сделать

Москву красивее (можно делать всё, что хотите, но помните, что вы живете в XIV-XV веках).

4. Поговорим о вашем родном городе. Знаете ли вы, каким он был в XIII-XV веках (в эпоху Юань и в эпоху Мин)? Как вы думаете, может ли ваш родной город быть столицей Китая? Если вы считаете, что не может, то чего в нем не хватает?

5. (для сильных студентов) Попробуйте разыграть диалоги на следующие исторические сюжеты:

А) Посол монголо-татар (один студент) требует дань от московского князя (второй студент). Второй студент должен постараться убедить первого, что он очень бедный, дать ничего не может, а первый студент должен настаивать на своём.

Б) Один студент – московский князь, другой – великий русский художник Андрей Рублев. Андрей Рублев написал икону «Троица», но князю она не нравится. Он хочет, чтобы на иконе было не три, а четыре человека – еще сам князь. Андрей Рублев должен объяснить, что так делать нельзя.

В) Первый и второй студенты – два немецких рыцаря, которые возвращаются домой после поражения во время Ледового побоища. Попробуйте поговорить о том, что случилось, почему у вас не получилось победить Александра Невского.

Г) Первый студент – московский князь Дмитрий Донской, второй студент – известный русский монах Сергий Радонежский. Дмитрий приехал к старому и мудрому монаху перед Куликовской битвой, говорит, что очень волнуется, потому что враги очень сильные. Сергий советует ему успокоиться и поверить в себя.

ТЕМА 3

От Ивана Грозного до Петра Великого

В истории каждой страны есть великие люди, имена которых не забывают ни через 100, ни через 500 лет после их смерти. В Китае можно вспомнить императоров Цинь Шихуана и Цин Сюанье (Канси), а в русской истории это, конечно, Иван Грозный и Петр Великий. Эти правители делали все, чтобы Россия стала великой страной, они много думали о судьбе страны, но часто забывали о судьбах отдельных людей. Почти 200 лет российской истории от Ивана Грозного до Петра Первого - удивительное и непростое время, о котором мы и начнем наш рассказ.

УРОК 1. Как Иван IV стал Иваном Грозным

ТЕКСТ А. Молодой и талантливый царь Иван IV

Сын московского князя Василия III, Иван Васильевич мог войти в историю как самый умный и **талантливый** русский царь. Но мы знаем его как Ивана Грозного, самого **жестокого** правителя русской истории. Иван IV стал правителем русского государства, когда ему было только 3 года. Пока мальчик рос, страной управляла группа богатых и важных людей - <u>бояр</u>. Иван Грозный, который, как и его отец, мечтал быть самодержавным, то есть, единственным правителем русского государства, очень не любил бояр. В 1546 году, когда Ивану было только 16 лет, он сказал, что не хочет называться "князем" - это старое

> Слово "царь" мы обычно используем, когда говорим о русских правителях от Ивана IV до Николая II. Когда мы говорим о правителях монголо-татар, мы говорим слово "хан", о китайских правителях или правителях Византии - слово "император", о правителях стран Европы - слово "король". И царь, и король, и император, и хан могут называться общим словом "монарх". Кстати, короли в Европе еще есть (например, в Испании), а вот царей уже нет.

слово уже не подходило для него. Иван хотел, чтобы его называли "<u>царь</u>", как правителей Византии, великого государства, история которого к тому времени уже закончилась. Иван IV верил, что "князь" получает власть от людей, а "царь" - от Бога (в Китае правителя называли "<u>сын Неба</u>", чтобы показать, что он

Иван Грозный

получил власть от Неба).

В начале 1547 года в Успенском соборе Кремля московский князь Иван IV Васильевич стал царём, а русское государство стало называться "Русское царство". Так 16-летний Иван стал первым русским царём. Он понимал, что "царь" - это слово, которое подходит только для великого человека, который делает великие дела. Молодой царь Иван IV сделал немало таких великих дел: он принимал новые законы, **устанавливал связи** со странами Европы, сделал сильнее русскую армию. В 1552 году Иван взял город Казань (в честь этой победы в Москве был построен прекрасный Собор Василия Блаженного), а немного позже русская армия взяла город Астрахань (в том месте, где Волга **впадает** в Каспийское море). Территория Русского царства быстро росла, а в конце эпохи Ивана Грозного в Русское царство вошли огромные территории Западной Сибири. Россия стала не просто большой, а огромной страной, и большую роль в этом сыграл Иван IV. За 150 лет до Петра Великого первый русский царь понимал, что Россия должна иметь выход к Балтийскому морю, но долгая война (25 лет!) за этот выход была для Ивана IV неудачной.

Шапку Мономаха носили русские цари

Исторические термины и географические названия:

боя́рин (复数 боя́ре) — 大臣（古代莫斯科公国钦封的最高官衔及享有这一官衔的人）

царь — 沙皇（某些国家君主的封号）

сын Не́ба — 天子（古以君权为神所授，故称帝王为天子、皇帝）

Каза́нь — 喀山城（16世纪为喀山汗国首府）

собо́р Васи́лия Блаже́нного — 瓦西里升天大教堂（位于莫斯科市中心红场，紧傍克里姆林宫，于1553—1554年为纪念伊凡四世战胜喀山汗国而建）

Астрахань — 阿斯特拉罕市（16世纪为阿斯特拉汗国首府）

Каспи́йское мо́ре — 里海

За́падная Сиби́рь — 西西伯利亚（北临北冰洋，西起乌拉尔，东到叶尼塞河，地形以平原为主）

Балти́йское мо́ре — 波罗的海

От Ивана Грозного до Петра Великого **ТЕМА 3**

Запомните слова и выражения (работайте со словарем!):

талантливый (о людях, делах, решениях и произведениях искусства) *Иван Грозный был не только правителем русского государства, но и талантливым писателем и музыкантом. Мама думает, что я талантливый, поэтому заставляет меня заниматься и английским языком, и каллиграфией, и фигурным катанием. Талантливые реформы Дэн Сяопина в 1970-80-е годы позволили Китаю стать богатой и сильной страной.*

жестокий (о человеке, поступке, словах, сочетается со словом «характер»; со словами «ветер», «холод» в значении «сильный») *Такие жестокие слова я не смогу простить никогда! Только очень жестокий человек не пожалеет голодного маленького ребёнка. Несмотря на жестокий холод строители продолжали работу, чтобы поскорее построить новый дом.*

устанавливать связи (с кем? с чем?, также налаживать связи (контакты), о государствах, территориях и организациях) *Наш университет установил связи со многими вузами России. Меня отправили в командировку в Россию, там я должен устанавливать связи с российскими компаниями. СССР стал первой страной, которая установила дипломатические связи с КНР, это случилось 2 октября 1949 года.*

впадать (о реке – впадать в море, о человеке и сильных отрицательных чувств – впадать в панику, в ужас, в шок, в отчаяние; также выражение «впадать в крайность») *Когда в России говорят: «Волга впадает в Каспийское море», то смысл такой: «Это все знают». Анна очень боится мышей, даже если мышка очень маленькая, Анна сразу впадает в панику. Если вы не сдали экзамен – не надо впадать в отчаяние, вы сможете попробовать еще раз. Виктор сказал любимой девушке: «Я не могу жить без тебя, без тебя я не буду жить!», на что она ответила: «Не надо впадать в крайность! Прекрасно будешь жить и без меня».*

Ответьте на вопросы по тексту:

1. Когда Иван Грозный был маленьким, кто управлял страной?
2. Почему Иван Грозный не хотел называться «князем»?
3. Когда Иван IV стал царём?
4. Какие великие дела совершил Иван IV?
5. В честь чего построен Собор Василия Блаженного?

ТЕКСТ Б. Злой и жестокий царь Иван Грозный

К сожалению, Иван IV не остался мудрым и великим царём на всю жизнь. Уже к 1560 году характер царя сильно **испортился**, а в конце жизни Иван был

И.Е. Репин "Иван Грозный и сын его Иван"

уже совсем больным человеком. Еще 23 года он был правителем Русского царства, и это были тяжелые годы для страны и для народа. Ивану казалось, что вокруг него одни враги, что все хотят убить его, и он сам **приказывал** убивать многих людей. Из-за этого Ивана многие боялись, и его стали называть "Иван Грозный". В конце жизни Иван Грозный предпочитал одеваться не как царь, а как простой монах, и часто уезжал из Кремля. Умер Иван Грозный в 1584 году.

Первая жена царя, царица Анастасия, которую молодой царь очень любил, родила ему двух сыновей - Ивана и Фёдора. К сожалению, Анастасия умерла в 1560 году; историки считают, что именно смерть любимой жены сделала Ивана таким злым и жестоким человеком. Однажды Иван Грозный **рассердился** на своего старшего сына Ивана и убил его. Великий русский художник Илья Репин написал об этом картину: "Иван Грозный и сын его Иван 16 ноября 1581 года".

Второй сын Фёдор имел слабое здоровье и был не очень умным, поэтому он не мог стать хорошим царём. Несмотря на то, что после Анастасии у Ивана было еще семь жен, только последняя родила ему в 1582 году третьего сына, Дмитрия. Сыновей у Фёдора и Дмитрия не было, они были последними **потомками** великого Рюрика. Династия Рюриковичей, которая правила русским государством с 862 до 1598 года (больше 700 лет!), закончилась.

Исторические термины:

царица—皇后

Илья Рéпин—伊里亚·叶菲莫维奇·列宾（1844—1930，19世纪俄罗斯伟大的批判现实主义画家）

династия Рюриковичей—留里克王朝（统治东斯拉夫人的古罗斯国家的第一个王朝）

Запомните слова и выражения:

испортиться (несов. вид – портиться, может сочетаться с очень разными словами; особенно запомните «настроение испортилось») *Я вчера купил йогурт, а сегодня йогурт уже испортился, нужно его выбросить. С утра было очень тепло, а потом погода испортилась, пошел дождь. Родители очень баловали Ивана, и Иван совсем* *испортился – стал капризным, жадным и ленивым. Сначала Сергею сказали, что он плохо работает, и ему стало грустно, потом ему сказали, что ему нужно искать новую работу, и тогда у него настроение совсем испортилось.*

приказывать (кому? делать (сделать) что?, обычно о военных и начальниках, можно и о животных) *Начальник приказал всем работникам работать до позднего вечера. Хотя армия очень устала, генерал приказал всем идти вперёд без отдыха. Хозяин приказал собаке ждать его у магазина; собака послушно легла на землю и стала ждать.*

рассердиться (несов. вид – сердиться, на кого? из-за чего? или за что?) *Игорь рассердился на Антона за то, что Антон опоздал на два часа, и они не успели в кино. Почему ты так рассердился на этого плохого человека? Разве ты не помнишь слова Пушкина: «Если жизнь тебя обманет, не печалься, не сердись?». Отец рассердился не из-за того, что сын получил двойку, а из-за того, что сын не сказал об этом.*

потомок (кого? или чей?) *Свою коллекцию книг я собирал не только для себя, я оставлю её для своих потомков. Наши потомки будут недовольны тем, что мы не сохранили для них чистое небо и чистую воду. Ты написал такие красивые стихи, может быть, ты потомок Пушкина?*

Ответьте на вопросы по тексту:

1. Когда умер Иван Грозный?
2. Почему Иван Грозный стал злым и жестоким?
3. Почему сын Фёдор не мог стать хорошим царём?
4. Кто были последними потомками великого Рюрика?
5. Сколько лет династия Рюриковичей правила русским государством?

После урока

Языковые упражнения

1. Используйте слово «талантливый» с нужным существительным об этих знаменитых людях Китая.

Образец: *Ли Бай – талантливый китайский поэт.*

Яо Мин, Чжан Имоу, Чжэн Хэ, Хуа То, Мо Янь, Дэн Лицзюнь, Гэ Ю, Лю Сян, Ма Юнь, Чжу Дэ, Мэй Ланфан.

2. В этих предложениях допущены ошибки в использовании слов «рассердиться», «впадать» и «приказывать». Исправьте их!

1) Мама рассердилась на Марине за то, что Марина не помыла посуду.
2) Преподаватель рассердился на нас и вышел из аудитории за того, что мы его не слушали.

3) На том месте, где Амур впадает к Тихому океану, находится город Николаевск-на-Амуре.

4) Когда мне сообщили, что я сдал экзамен, я сразу впал в радость.

5) У девочки была большая собака, и девочка приказывала ее садиться и ложиться.

6) Не надо приказывать мной! Я сам знаю, что нужно делать.

3. Переведите эти предложения со словом «испортиться».

1) 我已经累了一天了，而后来得知还没有准备晚饭，心情糟糕透了。

2) 以前这家饭店是城中最好的，但现在已经衰败了，没有人愿意在这里吃饭。

3) 这个湖边建造起工厂之后，湖里的水完全被污染了。

4) 天气变坏我们撑伞，心情变坏我们高歌。

Упражнения на усвоение фактического материала

1. В жизни Ивана Грозного было много интересных событий. Определите, что в его жизни было, а чего никогда не было.

Факт об Иване Грозном	Было	Не было
Стал князем, когда ему было всего 3 года		
В 16 лет поехал в Китай		
Стал первым русским царём		
Имел восемь жён		
Имел шесть сыновей		
Убил своего сына		
Убил свою первую жену, Анастасию		
Никогда в жизни не был на войне		
Взял город Казань		
Взял город Екатеринбург		
Начал войну за выход к Тихому океану		
Умер молодым		

2. Продолжите эти предложения.

1) Молодой Иван Грозный не хотел, чтобы его называли князем, потому что …

2) В 1547 году изменилось название русского государства…

3) Прекрасный Храм Василия Блаженного построили, когда….

4) Иван Грозный стал злым и жестоким после того, как…

5) Художник Илья Репин написал картину о том, как…

От Ивана Грозного до Петра Великого ТЕМА 3

УРОК 2. Россия в XVII веке

ТЕКСТ А. Смутное время

После смерти Ивана Грозного русским царём стал его сын Фёдор. Но Фёдор был очень слабым и больным человеком, поэтому вместо него настоящим правителем Русского царства был Борис Годунов, умный и **осторожный** человек. В конце жизни Иван Грозный заметил талант и ум Бориса Годунова, сделал его своим главным помощником. Борис Годунов мог быть неплохим правителем, но он не мог стать царём, хотя очень мечтал об этом. Дело в том, что царём мог быть только сын царя. Такая возможность была у младшего брата Фёдора, Дмитрия, который с матерью жил в городе Угличе. В 1591 году 11-летнего Дмитрия убили (скорее всего, это сделали **слуги** Бориса Годунова). В 1598 году умер Фёдор, наследника у него не было. Место русского царя осталось свободным, но его сразу **занял** Борис Годунов, который объявил себя русским царём. Борис Годунов был хорошим царём, много сделал для России, он приказал построить много новых городов, например, Белгород, Самару и Саратов. Но народ не любил Бориса Годунова. В 1601 году в России начался "Великий голод", из-за **голода** начались восстания, и многие были уверены, что виноват во всём был именно Борис Годунов - Бог наказал его за убийство Дмитрия. Борис из-за этого очень **страдал**. О жизни этого человека А.С. Пушкин написал прекрасную книгу "Борис Годунов", а композитор М.П. Мусоргский - оперу.

Период русской истории с 1598 по 1613 год называется "Смутное время". Это было по-настоящему тяжелое время для России. Конечно, появились такие нечестные люди, которые захотели получить власть в Русском царстве. Так, появилось три человека, которые говорили: "Я - сын Ивана Грозного, Дмитрий. Борис Годунов хотел убить меня, но я убежал, и вот теперь я пришел, чтобы стать царём". Другие государства тоже решили использовать это трудное время, чтобы захватить земли России. Враги с запада и с юга взяли многие русские города, а армия Польши пришла в Москву. Это случилось в 1610 году.

Исторические термины и географические названия:

Бори́с Годуно́в—鲍里斯·戈都诺夫（约1552—1605）
у́глич—乌格里奇（俄罗斯最古老的城市之一，始建于10世纪，临伏尔加河）
насле́дник—继承人
Бе́лгород, Сама́ра, Сара́тов—别尔戈罗德市，萨马拉市，萨拉托夫市（俄罗斯城市名）

«Великий голод»—大饥荒

восстание—（武装）起义

Модест Мусоргский—穆捷斯特·彼得洛维奇·穆索尔斯基（1839~1881，19世纪俄国作曲家）

Смутное время—俄罗斯空位时期（混乱时期），俄国的大动乱时期

Польша—波兰

Запомните слова и выражения (работайте со словарем!):

осторожный (о человеке, характере, словах или поступках) *Владимир - опытный и осторожный водитель, он никогда не ездит слишком быстро. У Артёма осторожный характер: он сначала всегда советуется со старшими, а потом только принимает решения. Этот вор такой осторожный: он всегда знает, когда рядом есть полиция, поэтому его трудно поймать.*

слуга (мн. число - слуги, слуга кого? или чей?) *Раньше у богатых людей было много слуг: слуги готовили для них обед, убирали дом, ухаживали за садом. Я не пойду в магазин, чтобы купить тебе мороженое, ты можешь сама пойти, а я не твой слуга.*

занять место (кого? чего?, с местоимениями - чьё место?) *Наш директор скоро уходит на пенсию, интересно, кто займёт его место? Место президента России в 2012 году снова занял Владимир Путин. Место старых больших компьютеров заняли современные легкие ноутбуки. В середине XX века считали, что театр скоро умрёт, а его место займет телевидение.*

голод (с глаголами «чувствовать», «испытывать», в значении «очень хотеть есть» в выражении «умирать от голода» или «умирать с голоду») *Я позавтракал рано, в шесть утра, и к полудню уже чувствовал сильный голод. У Наташи от голода уже кружилась голова, но она ничего не ела - хотела похудеть. Я закажу две порции лапши, потому что я умираю с голоду, одной мне будет мало!*

страдать (от чего?; страдать чем? - о болезнях) *Человек, у которого мало друзей, всегда страдает от того, что ему не с кем поговорить. Игорь не знал, что ему делать на каникулах, поэтому страдал от скуки. Пожилые люди часто страдают болезнями сердца. Этот полный человек страдал сразу несколькими серьезными болезнями.*

Ответьте на вопросы по тексту:

1. Кто был настоящим правителем Русского царства после смерти Ивана Грозного?
2. Почему Борис Годунов не мог стать царём, пока Дмитрий был жив?
3. Какой период русской истории называется "Смутное время"?
4. Что случилось в 1610 году?

ТЕКСТ Б. Русский народ спасает Россию

В 1610 году в Европе многие думали, что русскому государству пришел конец. В Москве гуляли иностранные солдаты, царя не было (Борис Годунов умер еще в 1605 году). Казалось, никто не мог помочь России! Русский народ, который потерял царя и потерял столицу, не потерял надежду - надежду на то, что у него опять будет сильное и **независимое** государство. Русские народ уже много раз защищал Россию - и на Чудском озере, и на Куликовом поле, и вот сейчас простые люди опять были готовы освободить свою Родину от врагов. Они собрались на Волге, в <u>Нижнем Новгороде</u> (не путайте этот город с первой столицей Руси - Великим Новгородом!)

Среди русских людей появились настоящие **патриоты** - <u>Кузьма Минин</u> и <u>Дмитрий Пожарский</u>, которые и **возглавили** народную армию. Это были разные люди - Пожарский был

Памятник Минину и Пожарскому в Москве

князем, потомком Юрия Долгорукого, а Минин был простым человеком, но у них была общая мечта: освободить Москву и всю Россию от врагов.

Армия Минина и Пожарского добилась больших успехов. В 1612 году они победили польскую армию и 4 ноября освободили Москву. В честь этого события каждый год, 4 ноября, в России отмечают государственный праздник - <u>День народного единства</u>.

В 1613 году в Москве, в Успенском соборе Кремля **представители** разных русских городов решали важный вопрос - кто должен был стать новым царём всей России? **Желающих** было

> Нужно сказать, что о Минине и Пожарском после того, как они освободили Москву, цари просто забыли, но русский народ не забыл своих героев: в самом центре Москвы, на Красной площади стоит прекрасный памятник с прекрасными словами: "Гражданину Минину и князю Пожарскому - Благодарная Россия".

много - и иностранцы, и богатые бояре, и родственники Бориса Годунова. Многие считали, что царём должен стать Дмитрий Пожарский, который многое сделал для освобождения Москвы.

Исторические термины и географические названия:

Ни́жний Но́вгород—下诺夫哥罗德

Кузьма́ Ми́нин—库兹马·米宁（？—1616，人民英雄）

Дми́трий Пожа́рский—德米特里·波扎尔斯基（1578—1642，公爵；俄国统帅、

民族英雄）

День наро́дного еди́нства—民族团结日，又名民族统一日（俄罗斯于11月4日庆祝的国家节日）

 Запомните слова и выражения (работайте со словарем!):

независимый (не только государство, но и человек (значит, любит свободу), характер, поступки и слова (в значении «самостоятельный») *В 1991 году несколько стран СССР стали независимыми государствами. Илья – очень независимый молодой человек, он одевается так, как он хочет, он говорит и делает то, что он хочет. Вы написали плохие стихи; ваши стихи слишком похожи на стихи Пушкина, а настоящий поэт должен стараться быть независимым. Из-за своего независимого характера ему очень трудно найти общий язык с начальником.*

патриот (можно использовать в выражениях «патриот России», «патриот Китая», но лучше с именем прилагательным) *Мой сосед – настоящий патриот, у него дома есть большой флаг России и большой портрет Путина. Почему все поют гимн, а ты не поёшь? Ты не патриот или ты забыл слова? Китайские патриоты смело боролись против японских захватчиков во время войны.*

возглавить (что?) *Владимир Путин возглавил Россию в 2000 году. Делегацию города Далянь во время поездки в Москву возглавлял мэр Даляня. Господин Перов возглавил компанию «Байкал» пять лет назад и за эти годы сделал её богатой и известной.*

представитель (кого? чего? запомните выражение «типичный представитель») *Ду Фу – один из самых великих представителей поэзии эпохи Тан. Этот фильм – типичный представитель современного американского кино, в нём нет ничего интересного. В международной встрече участвуют представители 30 стран. Представители Международного олимпийского комитета приехали в Китай, чтобы посмотреть, сможет ли страна принять Зимнюю Олимпиаду-2022.*

желающий (можно без дополнительных слов, можно «желающий что-то сделать», обычно со словами «много», «нет») *Мы предложили студентам поехать на экскурсию в музей, но желающих не было. Желающих купить футболку с портретом Путина было так много, что футболок на всех не хватило. Кто хочет выйти к доске и рассказать нам о Дне народного единства? Есть желающие?*

 Ответьте на вопросы по тексту:

1. Кто возглавил народную армию?
2. Какая мечта была у Пожарского и Минина?
3. Когда Москва была освобождена?

4. В честь чего отмечают праздник - День народного единства?

5. Что обсуждали люди в Успенском соборе Кремля в 1613 году?

ТЕКСТ В. Новый царь

В 1613 году в России появился новый царь - Михаил Фёдорович Романов. Его потомки правили Россией более 300 лет - до 1917 года. В истории России вообще было только две династии - Рюриковичи и Романовы (а в истории Китая их было гораздо больше!). Все известные вам правители России после 1613 года - Пётр Первый, Екатерина Вторая, Александры Первый, Второй и Третий, Николай Второй - все они Романовы, потомки Михаила Фёдоровича.

> Во времена Михаила Фёдоровича Русское царство установило связи с Китаем. Первые представители русского царя прибыли в Пекин в 1618 году. Немного позже в Россию из Китая пришёл чай, который стал любимым русским напитком.

Михаил Фёдорович правил Русским царством до 1645 года, без **выдающихся** успехов. А вот его сын, Алексей Михайлович, считается одним из **успешных** царей династии Романовых. Алексея Михайловича люди назвали "Тишайший" (очень тихий), но совсем не потому, что он всегда молчал. По характеру он был очень спокойным, добрым и мягким человеком, много времени проводил в соборах Кремля, любил читать книги. Царь многое сделал для **расширения** территории России. Так, в 1654 году Украина стала частью России. Появляются первые русские города в Восточной Сибири (например, Иркутск и Якутск); территория Русского царства на Востоке доходит до Амура и Тихого океана. Алексей прекрасно понимал, что у России после Смутного времени осталось много проблем: слабая армия, нет науки, слишком мало **грамотных** людей (в России не было ни одной газеты, хотя в Европе газеты уже стали обычным делом).

Но самой главной проблемой было то, что жизнь простых людей все ещё была очень трудной. Русские крестьяне в XVII веке жили так же бедно и плохо, как и в XV веке. В 1670-1671 годах в Русском царстве началось огромное восстание крестьян. Крестьян, недовольных жизнью, было так много, что они собрали большую армию, и поэтому это восстание часто называется "Крестьянская война". Руководителем восстания стал Степан Разин. Восстание закончилось неудачно, но оно показало, что русский народ хочет и может бороться за свою свободу.

Россия все ещё очень сильно **отставала** от Европы. В жизни страны нужны были серьёзные изменения.

Исторические термины и географические названия:

Михаи́л Фёдорович Рома́нов—米哈伊尔·费奥多罗维奇·罗曼诺夫（1596—1645，罗曼诺夫王朝的第一位沙皇，1613—1645年在位）

дина́стия—王朝

Рома́новы—罗曼诺夫王朝（1613—1917）

Алексе́й Миха́йлович Рома́нов—阿列克谢·米哈伊洛维奇·罗曼诺夫-（1629—1676，罗曼诺夫王朝第二位沙皇，1645年—1676年在位）

Восто́чная Сиби́рь—东西伯利亚——西起叶尼塞河，东到阿穆尔河即黑龙江，地形以高原山地为主。

Ирку́тск, Яку́тск—伊尔库茨克，雅库茨克（东西伯利亚城市）

Аму́р—阿穆尔河，即黑龙江，中俄界河。

крестья́нин—农民

Крестья́нская война́—农民战争

Степа́н Ра́зин—斯捷潘·拉辛（约1630—1671，农民战争的领袖）

Запомните слова и выражения (работайте со словарем!):

выдающийся (о людях, событиях, произведениях искусства; выражения «выдающиеся успехи», «выдающийся вклад» (во что?) *В последние годы этот спортсмен добился выдающихся успехов, поэтому мы можем назвать его выдающимся спортсменом. Дмитрий Иванович Менделеев внес выдающийся вклад в развитие мировой науки. Этот выдающийся певец очень скромный, он часто ездит выступать в деревни.*

успешный (о делах, можно и людях, и компаниях (в значении «тот, кто добился успехов») *В новостях сообщили об успешном запуске космического корабля. Врач провел успешную операцию, больной будет жить. Китайская компания Alibaba - одна из самых успешных компаний современного Китая. Если ты хочешь стать успешным человеком, тебе обязательно нужно изучать иностранные языки.*

расширение (чего?; не только о территории, но и обо всём, что может быть широким, например «расширение кругозора») *Рабочие начали работы по расширению улицы. Этот император думал только о расширении территории своей страны, поэтому очень часто вёл войны. Расширение своих знаний - важная задача для всех молодых людей, нужно больше читать, больше узнавать.*

грамотный (о людях; в первом значении – тот, кто умеет читать и писать, во втором значении – талантливый, профессиональный) *Почему ты не знаешь ответа на этот вопрос? Почему ты не открыл учебник и не прочитал там ответ, ты же грамотный! В России до 1917 года грамотных людей было совсем мало. Андрей*

- грамотный переводчик, его очень уважают коллеги, его переводы всегда сделаны отлично. Доктор Петров - очень грамотный врач, он никогда не ошибается.

отставать *(от кого? от чего? в чём?; запомните выражения «отстать от моды», «отстать от жизни» - быть старомодным, несовременным) Старший брат Виктора - Алексей - учится гораздо лучше Виктора, Виктор в учёбе от него отстаёт. Я, может быть, отстаю от других девушек в учёбе, но я лучше всех танцую. «Не отставайте!» - кричал учитель физкультуры школьникам, которые очень устали и уже не могли бежать за ним. Страны Африки отстают от стран Европы в экономическом развитии. Я не умею пользоваться смартфоном – вот как я отстал от жизни.*

Ответьте на вопросы по тексту:

1. Какие династии были в истории России?
2. Кто считается одним из самых успешных царей династии Романовых? Почему?
3. Какие проблемы оставались в России после эпохи Смутного времени?
4. Что показало восстание крестьян в 1670-1671 годах?

После урока

Языковые упражнения

1. Используйте слово «выдающийся» с нужным существительным об этих великих людях и произведениях искусства Китая.

Образец: *«Сон в красном тереме» - выдающийся роман китайской литературы*
Чжоу Цзелунь, Ли Дань, Бянь Цюэ, «Опьяневшая Ян Гуйфэй» (贵妃醉酒), Ван Сичжи, Дин Цзюньхуэй, «Троецарствие», Линь Чжиин, «Книга перемен» (易经), Ван Хао.

2. Используйте слово «представитель» по образцу (нужные вам слова найдите в словаре):

Образец: *А.С. Пушкин - самый известный представитель русской литературы XIX века, М.В. Ломоносов - самый известный представитель русской науки XVIII века.*
П.И. Чайковский, Шекспир, Галина Уланова, Мэй Ланфан, Т.А. Эдисон, Ян Ливэй, Пабло Пикассо, Моцарт, Лу Синь (鲁迅), Витас, Илья Репин, Ли На.

3. В данных предложениях поставьте слова в скобках в нужную грамматическую форму, добавьте предлоги, если нужно:

1) Сын известного врача тоже решил стать врачом, чтобы в будущем занять место

(отец) в больнице.

2) Скоростные поезда заняли место (старые поезда) на железных дорогах Китая.

3) Летом погода в Гуанчжоу не слишком приятная, все страдают (жара).

4) Иван страдал (головная боль), поэтому пошёл в больницу.

5) Многие подростки начинают курить, чтобы не отставать (свои товарищи).

6) Я два месяца болел, не ходил на занятия, поэтому сильно отстал (остальные студенты) (русский язык).

7) Ирина каждый день читает журналы о моде, потому что не хочет отставать (мода).

4. Переведите эти предложения на русский язык, используйте слова «независимый» (1-3) и «желающий» (4-6):

1) 美国人非常尊重自己的历史，他们把国家独立日定为国家节日。
2) 性格太独立的女孩子是很难找到合适伴侣的。
3) 真正的作家应该别具一格，不拘泥于传统。
4) 我们最多只能邀请50人来参加音乐会，可是想来参加的人数却有10倍之多。
5) 到上海时我提议去博物馆参观，但想去的人寥寥无几，朋友们都想去逛街。
6) 希望见到普京的人如此之多，占满了整个红场。

Упражнения на усвоение фактического материала

1. История – это наука о том, что было раньше, а что позже. Расставьте эти исторические события в историческом порядке.

Крестьянская война Степана Разина, Минин и Пожарский освобождают Москву, смерть Ивана Грозного, армия Польши приходит в Москву, Украина входит в состав России, Михаил Романов становится царём, Великий голод, Борис Годунов становится царём.

2. В этих предложениях содержатся исторические ошибки. Исправьте их по образцу:

Образец: *Иван Грозный умер в 1613 году. – Нет, Иван Грозный умер в 1584 году*

1) Иван Грозный был сыном Бориса Годунова.
2) У Ивана Грозного не было детей.
3) Борис Годунов стал первым царём династии Годуновых.
4) В 1610 году Франция начала войну против России.
5) Русские дошли до Амура во времена Ивана Грозного.
6) Степан Разин был народным героем, который освободил Москву от врагов.
7) Период с 1598 по 1613 год называют «Золотое время».

3. Разделите этих людей на три группы:

Историческая личность	Рюриковичи	Романовы	Ни Рюриковичи, ни Романовы
Иван Грозный			
Михаил Фёдорович			
Борис Годунов			
Алексей Михайлович			
Фёдор Иванович			
Дмитрий Пожарский			
Степан Разин			
Дмитрий Иванович			
Николай Второй			

Завершая тему (речевые и творческие задания)

1. Иван Грозный – один из наиболее известных героев русской истории. Посмотрите на эти портреты Ивана Грозного и попробуйте описать его внешность.

2. Первого русского царя Ивана Грозного часто сравнивают с китайским императором Цинь Шихуаном. Чем похожи и чем не похожи два этих великих человека? Сравните их, используя эти речевые модели:

Иван Грозный (очень) похож на Цинь Шихуана тем (в том), что…

Иван Грозный похож на Цинь Шихуана, потому что они оба…

Иван Грозный похож на Цинь Шихуана, потому что он тоже…

Иван Грозный совсем не похож на Цинь Шихуана, потому что он…

Иван Грозный отличается от Цинь Шихуана в том, что он…

3. Представьте, что вы – Иван Иванович, сын Ивана Грозного. Однажды отец позвал вас, и вы увидели, что он очень рассердился на вас.

Постарайтесь его успокоить и убедить его не убивать вас.

4. Прочитайте этот текст, а потом своими словами расскажите, кто такой Иван Сусанин, почему он вошёл в историю, и почему его считают великим народным героем?

伊凡·苏萨宁——17世纪初期俄国反抗波兰侵略者的民族英雄，克斯特罗马县多木罗农民。在俄国面临瓜分和灭亡的危险时刻，他在梁赞组织一支民军，向被波兰占领的莫斯科挺进。后因内部发生分歧而失败。1612年春，在下诺夫哥罗德又组织由工商界人士和城市贫民、农民参加的第二支民军，抗击侵略者，解放被波兰、瑞典占领的莫斯科河诺夫哥罗德等大片领土。后被迫为撤退的波兰军队领路，不顾生命危险，把敌人引入歧路，带进茂密的森林中，使波兰侵略者退往科斯特罗马的计划未能实现。1613年在丛林中惨遭波兰贵族杀害。后世有著名歌剧描述其事迹。

5. В XVII веке, во время правления Алексея Михайловича Романова, первые русские послы（使者）пришли в Китай. Представьте, что вы – русский посол, которому разрешили встречу с великим императором Канси（康熙）. Расскажите ему о своей стране – Русском Царстве. Для того, чтобы произвести на китайского императора сильное впечатление, расскажите ему, почему Россия – это великая страна, как и Китай.

Россия быстро меняется

Россия до XVIII века была похожа на ленивого студента, который любит сладко поспать и не любит рано просыпаться. Но, когда звонит будильник, студент быстро просыпается, быстро одевается, быстро завтракает и быстро бежит на занятия. Для России таким будильником стала эпоха Петра Великого. Многие историки писали: до Петра Россия спала, а потом она проснулась! Проснулась и увидела, что европейские страны - Франция, Англия, Швеция - уже ушли далеко вперед. "Мы не хуже Европы!" - решил Петр Первый, и Россия стала меняться, чтобы быть больше похожей на своих европейских соседей. Не менялась только жизнь простого русского народа: он работал на земле, и жизнь его была такой же трудной, как в XVII веке и раньше.

УРОК 1. Петр Великий: начало эпохи

ТЕКСТ А. Детство Петра

В 1676 году умер Алексей Михайлович Романов, второй царь династии Романовых. У Алексея было 16 детей, но большинство из них умерли еще в детстве. Наследников у Алексея было трое: старший - Фёдор, средний - Иван и самый младший - Пётр. Фёдор был царём неглупым, но здоровье у него было слабое; он умер в возрасте 20 лет. В 1682 году Россия опять осталась без царя, потому Иван и Пётр были еще маленькими (Петру, например, было всего 10 лет). Многие боялись, что в России может опять начаться Смутное время, но на этот раз все закончилось хорошо, хотя и немного странно: решили, что Иван и Пётр будут вместе править Россией, и в первый раз в русской истории в стране было два царя! Правда, Иван и Пётр были "царями" только **на словах**; на самом деле, всю власть получила их старшая сестра Софья. Говорят, Софья была неглупой женщиной и довольно неплохо управляла государством.

Царь Иван Алексеевич, как и его старший брат Фёдор, много болел и мало интересовался делами России: ему было **все равно**, кто имеет власть. Но его младший брат Пётр Алексеевич был совсем не таким: он с детства понимал, что должен стать царём, и готовился к этому. В детстве у Петра не было хороших учителей, книг он читал не очень много, а больше всего интересовался военным делом. Почти все свободное время Петр проводил в деревне под Москвой, где собрал маленькую армию из детей. Мальчики, конечно, только играли, но Петр относился к этим играм очень серьезно: у всех детей была специальная одежда, **оружие** и даже настоящая крепость, которую Петр помогал строить сам. Своих товарищей по играм Петр называл иностранным словом "**солдаты**" (раньше в русском языке такого слова не было). На реке Яуза в Москве Петр построил свои первые маленькие корабли. У Петра появились настоящие друзья и отличные учителя - немцы и голландцы, которые плохо говорили по-русски, но отлично умели делать оружие и строить корабли; Петр очень уважал их за это. Петр хотел быть похожим на иностранных учителей: он начал **курить**, танцевать и носить европейскую одежду (она была совсем не такой, как русская). Так рос будущий великий русский правитель.

Исторические термины и географические названия:

царе́вна Со́фья — 索菲娅公主（索菲娅·阿列克谢耶夫娜，1657—1704，沙皇阿列克谢·米哈伊洛维奇之女，彼得一世即彼得大帝的姐姐）

вое́нное де́ло — 战术

кре́пость — 要塞

Яуза — 亚乌扎河

не́мцы — 德国人

голла́ндцы — 荷兰人

Запомните слова и выражения (работайте со словарем!):

на словах (антоним «на деле») *Быть добрым нужно не на словах, а не деле, значит, нужно не говорить, какой ты добрый, а делать добрые дела. Он много работает только на словах, на самом деле он целый день в офисе играет в компьютерные игры.*

(Кому?) всё равно (синоним «безразлично») *Современному студенты не может быть всё равно, как живёт и развивается его Родина, какие проблемы в ней есть. Илья слишком любит Интернет – когда он сидит за компьютером, ему всё равно, что происходит вокруг, даже если война начнётся, он не заметит.*

оружие (всегда только в единственном числе, запомните также выражения «носить оружие», «с оружием в руках», «сложить оружие», может быть и в переносном значении «эффективный инструмент») *Оружие носят только военные или полицейские, у обычных людей оружия нет. Все мальчики любят игрушки, которые похожи на* *настоящее оружие. Слово тоже может быть сильным оружием. Это лекарство – прекрасное оружие против боли.*

солдат (в значении «военный, но не офицер», не используется, когда мы говорим о временах до XVIII века (нужно использовать слово «воин»)) *По улице шли солдаты и пели, за ними бежали мальчики, которые хотели быть похожи на солдат. В поезде на студентку Таню долго смотрел совсем молодой солдат, Таня ему нравилась. В советской Красной Армии служили солдаты разных национальностей.*

курить (禁止吸烟 можно переводить «Не курить!») *Курить – здоровью вредить. Многие известные актёры курят, и молодые люди курят, чтобы быть похожими на них. Мой отец долго курил, но потом бросил, а я никогда не курил и не хочу начинать.*

Ответьте на вопросы по тексту:

1. Когда умер второй царь династии Романовых?
2. Кто такая Софья? Каким родственником она была для Петра I?
3. Каким человеком был Пётр Алексеевич?
4. За что Пётр уважал немцев и голландцев?

ТЕКСТ Б. Пётр становится царём

В 1689 году Петру исполнилось 17 лет, он женился и был готов стать настоящим царём. И его старшая сестра Софья, которая Петра очень не любила, **была вынуждена** отказаться от власти. Молодой русский царь решил долго не ждать: у него была такая же мечта, как и у первого русского царя Ивана Грозного – Россия должна получить выход к Чёрному морю на юге и к Балтийскому морю на севере. В 1695 году Пётр начал войну на юге, где у России был очень сильный враг – Турция, которая в то время имела очень сильную армию и флот. Начало войны было для России совсем неудачным. Русская армия была ещё слабой, у неё не было хорошего оружия и почти не было военных **кораблей**. Всё это нужно было сделать, и Пётр начал большую работу. Всего за год были построены новые корабли, и Россия **одержала** первую **победу**. Теперь у России был выход в Азовское море.

Портрет Петра I

После этой войны Пётр понял, что в России слишком мало **специалистов**: мало военных, мало строителей кораблей, мало инженеров. В 1697 году Пётр вместе со своими друзьями поехал в Европу. Это был первый случай в русской истории; раньше считали, что русский царь должен сидеть в Москве. Кстати, Пётр никому не хотел показывать, что он – русский царь. Он называл себя просто "Петр Михайлов" и был одет в простую одежду. Эта поездка по Европе продолжалась два года, Петр посетил немецкие города, Голландию, Англию, Австрию. Петр был очень доволен: он пригласил в Россию много иностранных специалистов, многое узнал о военном и морском деле, купил много современного оружия. Теперь Россия была лучше готова к войне со своими сильными врагами. В Англии Петр посетил знаменитый <u>Оксфордский университет</u>. Всего Петр был за границей 15 месяцев и многому там научился.

В 1698 году, когда Петр был за границей, ему принесли плохие новости: его старшая сестра Софья решила захватить власть в Москве. Ей помогали <u>стрельцы</u>. Но солдаты Петра победили стрельцов. Потом в Москве, прямо на Красной площади, рано утром прошла <u>казнь</u> стрельцов. Об этом событии великий русский художник <u>Василий Суриков</u> написал картину "<u>Утро стрелецкой казни</u>".

"Утро стрелецкой казни" (В. Суриков)

Исторические термины и географические названия:

Ту́рция—土耳其

флот—海军

Оксфордский университе́т—牛津大学（英国）

стрельцы́—射击军（16—17世纪俄国装备火器的常务军队）

казнь—死刑

Васи́лий Су́риков—瓦西里·伊万诺维奇·苏里科夫（1848—1916, 19世纪俄国画家，其画作多取材于俄罗斯历史事件）

«Утро стреле́цкой ка́зни»—《近卫军临刑的早晨》——瓦西里·苏里科夫的画作

Запомните слова и выражения (работайте со словарем!):

вынужден (что делать? сделать?, синоним - кому? приходится) *Я не смог купить билет на поезд, поэтому был вынужден возвращаться домой на самолете, хоть это было и дороже. Я забыл ключи от дома, поэтому был вынужден ждать, пока вернется с работы мама. Я боюсь зубных врачей, не хочу идти в больницу, но вынужден идти: зуб уже очень сильно болит, не могу терпеть.*

корабль (мн. число «корабли́», для многих людей и долгих путешествий, не путать со словом «лодка» (小船) – для нескольких человек) *Я недавно совершил путешествие из Тяньцзина в Далянь на большом корабле, это было прекрасно. В порту я видел много кораблей под флагами разных стран. В детстве я любил читать книги о море и о кораблях.*

одержать победу (над кем? чем?; синоним – победить кого? что?) *В Куликовской битве русские князья одержали победу над монголами. Футбольная команда «Барселона» одержала пять побед подряд. Я очень рад, что смог одержать победу над вредной привычкой: я бросил курить.*

специалист (в чём? = в какой области (сфере)= по чему?) *Специалист по детским болезням по-русски называется «педиатр». Фёдор день и ночь смотрит американские сериалы, он уже стал по ним настоящим специалистом: знает всех актёров и актрис. Антон Иванович – специалист по древней арабской литературе, таких специалистов по всей России всего 2-3 человека.*

Ответьте на вопросы по тексту:

1. Столько Петру было лет, когда он стал настоящим царём?
2. Какая мечта была у Петра?
3. Почему Пётр решил вместе со своими друзьями поехать в Европу?
4. Кто помогал Софье захватить власть в Москве?
5. В каком произведении Василия Сурикова описывается казнь стрельцов?

После урока

1. Соедините два предложения в одно, используйте выражения «на деле» и «на словах» по образцу:

Образец: *Он всем говорит, что у него высшее образование. А он даже школу не окончил. – На словах у него высшее образование, а на деле он даже школу не окончил.*

1) Андрей говорит, что он очень болен. А он совершенно здоров.

2) Вика всем рассказывает, что ее папа очень важный человек. А ее папа – простой рабочий.

3) Игорь любит хвастаться, что умеет кататься на велосипеде. Но он совсем не умеет.

4) Саша делает вид, что говорит по-китайски. А он знает только 你好.

2. Перефразируйте эти предложения, используя слово «специалист»:

1) Игорь много лет изучал китайский язык. Сейчас он прекрасно владеет этим языком.

2) Виктор очень хорошо разбирается в компьютерах.

3) Григорий знает всё о бабочках, я никогда не видел такого знатока бабочек.

4) Я хочу открыть в Москве ресторан китайской кухни, мне нужно пригласить туда на работу человека, который понимает в китайской кухне.

5) Вам нужен врач, который занимается именно болезнями сердца.

3. Переведите эти предложения на русский язык, используйте слово «вынужден» в нужной грамматической форме:

1）我们不能为所欲为，要按照社会规则生活。

2）阿列克很想去街上转转，但外面太冷了，他不得不待在家里。

3）如果你还不努力学习，将来就不得不做那些自己不喜欢的体力活了。

4）安娜的丈夫被派到到西伯利亚工作，安娜和孩子们不得不在遥远而陌生的伊尔库茨克生活。

5）我错过了最后一班公交车，不得不步行回家。

Упражнения на усвоение фактического материала

1. Проверьте эти исторические факты о Петре Первом, правильны они или нет?

Исторический факт	Правильно	Неправильно
Отцом Петра Первого был Алексей Михайлович Романов		
У Петра Первого не было братьев и сестёр		
Софья была первой женой Петра Первого		
Пётр Первый стал царём в возрасте 10 лет		
Пётр Первый в детстве очень любил читать книги		
Пётр Первый в детстве часто проводил время с иностранцами		
Пётр Первый уважал иностранцев, потому что ему нравились их блюда		
Пётр Первый женился в возрасте 17 лет		
Пётр Первый никогда не пил и не курил		
Пётр Первый любил играть в войну		

2. Ответьте на вопросы о поездке Петра Первого по Европе.

А) Какие страны Европы Пётр Первый посетил? Выберите из списка правильные страны.

Франция, Австрия, Германия, Испания, Италия, Англия, Греция, Швейцария, Голландия.

Б) Каких специалистов Пётр Первый пригласил из Европы в Россию? Выберите из списка правильные ответы.

Писатели, строители кораблей, артисты, футболисты, военные, монахи, инженеры, моряки, певцы, продавцы.

Россия быстро меняется ТЕМА 4

УРОК 2. Петр Великий: конец эпохи

ТЕКСТ А. Петр становится императором

В 1700 году Петр начал войну против Швеции за выход к Балтийскому морю. Балтийское море - это очень важное море в Европе. По нему легко добраться до Голландии, до Англии, до богатых северных немецких городов. Но земли на восточном берегу Балтийского моря **принадлежали** Швеции, которая в то время была сильной европейской страной. Война против Швеции продолжалась с 1700 и 1721 и получила название «Северная война».

> В 1703 году на карте России появился новый город на реке Нева, на берегу Финского залива Балтийского моря. Как назвать новый город? Петру очень нравились немецкие и голландские порты; новый город он решил назвать голландским словом "Санкт-Петербург" (это значит "Город святого Петра"). И мы до сих пор часто называем Санкт-Петербург "Город Петра".

Война началась для России очень тяжело: у русской армии еще не было опыта войны с таким сильным врагом. Но постепенно Петр добился больших успехов. В мае 1703 года Петр начал строить на берегу Балтийского моря новый город и порт. Но Швеция хотела продолжать войну и вернуть себе земли на востоке Балтийского моря. В 1709 году большая шведская армия и русская армия встретились у города Полтава (это город на Украине). Там 27 июня 1709 года **состоялась** Полтавская битва - одно из самых важных событий в истории России. Петр Первый лично участвовал в этой битве и привел русскую армию к победе. Но Северная война еще не закончилась: у Швеции был сильный флот, а у России флот на Балтийском море только появился. Но Петр **не зря** учился морскому делу в Европе: он лично руководил русским флотом и победил шведов в Балтийском море.

Успехи России в Северной войне были такими большими, что русский царь Петр Алексеевич Романов подумал, что слово «царь» для него уже не очень подходит. Поэтому Петр изменил название государства: Русское царство стало Российской Империей, а сам Петр - первым русским императором. Это случилось 2 ноября 1721 года. А люди называли Петра Великим, но, конечно, не за рост, а за успехи. Для Пушкина Петр Великий был **кумиром**, великий русский поэт написал о великом русском правителе прекрасные стихи. Самый известный памятник Петру - это даже не знаменитый «Медный всадник», а город Санкт-Петербург, который стал столицей нового государства - Российской Империи.

Исторические термины и географические названия:

Швéция—瑞典王国

Сéверная войнá—大北方战争（1700—1721）

Полтáва—波尔塔瓦（乌克兰城市，波尔塔瓦州首府，大北方战争<1700—1721>中的波尔塔瓦会战发生于此）

Полтáвская бúтва—波尔塔瓦战役（1709，大北方战争中的重要战役）

Россúйская Импéрия—俄罗斯帝国

Петр Велúкий—彼得大帝（1672—1725，俄国沙皇）

«Мéдный всáдник»—《青铜骑士》（圣彼得堡彼得一世雕像，由法国雕塑家法尔科内于1782年创作完成）

 Запомните слова и выражения (работайте со словарем!):

принадлежать (кому? чему?; также в выражении «принадлежать к числу кого? чего?») *Острова Дяоюйдао всегда принадлежали и будут принадлежать Китаю. Каждый человек в России знает слова «Умом Россию не понять!», эти знаменитые слова принадлежат поэту Фёдору Тютчеву. Русский язык принадлежит к числу славянских языков. Далянь принадлежит к числу крупнейших городов Северо-Востока КНР.*

состояться (только сов. вид, о событиях, которые есть в планах, к которым нужно готовиться; в других случаях лучше использовать глагол «произойти») *Завтра наконец-то состоится наша свадьба, к которой мы готовились несколько месяцев. Футбольный матч состоится в любую погоду. Концерт не состоится – певец, к сожалению, не приехал.*

не зря – (антоним – зря) *Я не зря готовился к экзамену целый месяц, я получил лучший результат в нашей группе. Не зря я тебе говорил, чтобы ты оделся теплее, посмотри, как сегодня холодно. Ивана Викторовича не зря называют «энциклопедией», он так много читает, что может ответить на любой вопрос.*

кумир – (кого? чей?) *На стенах в комнате Валерия много плакатов с фотографиями его кумиров. Этот молодой поэт стал кумиром для тысяч молодых людей своего поколения. Егор на стадионе от волнения очень хотел пить, он не мог спокойно сидеть, через несколько минут он увидит своего кумира – знаменитого футболиста Семенова.*

Ответьте на вопросы по тексту:

1. Почему Петр начал войну против Швеции? Как называется эта война?
2. Когда и где состоялась Полтавская битва?
3. Какую роль в этой войне сыграла любовь Петра к морю и кораблям?
4. Кто стал первым русским императором?

ТЕКСТ Б. Личность Петра и результаты его эпохи

Когда Петр вернулся из-за границы, он начал в России большие реформы. В России мужчины носили **бороды** и длинную одежду - кафтаны. Петр хотел, чтобы в России люди были похожи на **европейцев**, носили модную одежду и **запретил** носить бороды. Кроме того, Петр изменил **календарь**. 7208 год по старому русскому календарю он сделал 1700 годом по европейскому календарю. Раньше в России Новый год отмечали осенью,

> Петр был очень высоким (рост 2 метра и 4 сантиметра) и был очень сильным. Когда Петр шел по улице, другие люди должны были бежать за ним, потому что он ходил очень быстро. Петр не боялся работать и сам очень любил работать, особенно любил строить корабли.

а Петр решил перенести этот праздник на 1 января, как во всей Европе. Петр научил русских людей курить, пить кофе и изучать иностранные языки, создал первую русскую газету, открыл много школ, где молодые русские люди могли изучать военное и морское дело, технику, медицину. Петр разделил Россию на части - губернии. Петр вообще постарался поменять все - и в политике, и в экономике, и в жизни обычных людей. Историки уверены, что Петр сделал Россию европейской страной.

А.П. Ганнибал

Конечно, Петр не мог бы добиться таких успехов в одиночку. У него было немало талантливых помощников. Интересно, что Петр выбирал себе в помощники только способных людей, при этом даже не обращал внимание на то, какая у них семья и какое положение. Два его самых известных помощника - Александр Меншиков (который в детстве продавал на улицах пироги), и Абрам Ганнибал (дед матери А.С. Пушкина). Ганнибал родился в Африке, но Петр не обращал внимания на черный цвет его кожи. Сначала Ганнибал был **секретарём** Петра, а потом стал генералом.

Сын Петра Великого - Алексей Петрович - был совсем не похож на своего отца. У Петра было много врагов - многим людям в России не нравились

История России

Петр и его сын Алексей на картине Н. Ге

реформы Петра, они хотели жить по-старому. Эти люди хотели, чтобы царём стал Алексей. В конце концов, Петр и его сын Алексей стали врагами. В 1718 году Алексея посадили в тюрьму, где он и умер по неизвестной причине. В 1712 году Петр женился во второй раз - на простой немецкой девушке Марте, которую он очень любил. Марта взяла русское имя Екатерина; она и стала править Россией, когда Петр умер в 1725 году. В истории России в эпоху Петра многое случилось в первый раз; так Екатерина стала первой нерусской правительницей России. Продолжался XVIII век - первый век Российской империи, европейской **державы**, страны, которая быстро становилась великой.

 Исторические термины и географические названия:

рефо́рмы Петра́ I —彼得一世改革（18世纪初俄国的农奴制改革），改革军事，加强国防，改革和健全国家行政机构，实行宗教改革，兴办近代工业，改变俄国经济落后面貌。

кафта́н—（旧时俄、法、德等国男女穿的对排扣、宽掩襟的）长外衣

губе́рния—省（俄国18世纪起实行的行政区划单位）

Алекса́ндр Ме́ншиков—亚历山大·丹尼洛维奇·缅希科夫（1673—1729，彼得一世的近臣）

Абра́м Ганниба́л—阿布拉姆·彼得罗维奇·甘尼巴尔（1697—1781，俄国军事工程师，上将，以彼得大帝的黑人近臣和大诗人普希金的外曾祖父知名）

А́фрика—非洲

Ма́рта Скавро́нская (Екатери́на I) —玛尔塔·斯卡乌龙斯卡娅（叶卡捷琳娜一世）（1684—1727，彼得一世的妻子，俄罗斯帝国女皇，1725-1727年在位）

 Запомните слова и выражения (работайте со словарем!):

борода (носить бороду, человек с бородой = бородатый человек) *Лев Толстой на этом портрете похож на моего дедушку - у него такая же длинная борода. Наш преподаватель из России носит бороду, но говорит, что молодые люди в России обычно бороды не носят. У Деда Мороза была густая белая борода, и пятилетний Петя очень хотел ее потрогать, но мама говорила, что бороду Деда Мороза трогать нельзя - она очень* *холодная.*

европейцы (запомните также американцы, африканцы, но азиаты) *Европейцы отличаются от азиатов не только внешностью, но и привычками, и образом жизни. В XIX веке европейцы принесли много плохого народу Китая. Ван Хуа три года учился в Англии, и, когда вернулся в родную провинцию Аньхой, пил только кофе, как настоящий европеец.*

запретить – (несов. вид – запрещать, кому? что? или делать что?) *Отец запрещает мне играть в компьютерные игры, поэтому я играю только тогда, когда отца нет дома. Новый закон запретил курение в ресторанах, на вокзалах, в университетах. Я запрещаю себе есть шоколад, потому что я хочу похудеть.*

календарь — *На моем письменном столе стоит календарь, в этом календаре я всегда отмечаю свои важные встречи. В моем телефоне есть и часы, и календарь, это очень удобно. В этом году первое число первого месяца по лунному календарю будет в середине февраля.*

секретарь (кого? чей?) *Я нашла неплохую работу – буду и секретарём, и переводчиком в одной большой компании. Эта женщина в молодости работала секретарём важного чиновника. Директор попросил секретаря принести ему кофе.*

держава (часто со словом «великая», только в положительном значении) *В XXI веке Китай стал великой державой, его уважают во всем мире. Россию многие называют «Великой нефтяной державой», потому что в ней много нефти.*

 Ответьте на вопросы по тексту:

1. Какие реформы Петр производил?
2. Почему Петр не хотел, чтобы русские носили бороды?
3. Кто такой Абрам Ганнибал?
4. Почему Петр и его сын Алексей стали врагами?
5. Кто стал первым нерусским правителем России?

После урока

Языковые упражнения

1. Постройте с данными словами предложения с выражением «принадлежать к числу (кого? чего?)» по образцу:

Образец: *Город Далянь принадлежит к числу самых красивых городов Китая. Поэт Ли Бай принадлежит к числу самых великих поэтов Китая.*

Город Сучжоу, озеро Сиху, парк Бэйхай, писатель Го Можо, панда, город Лоян, спортсмен Ли Дань, сайт «Вэйбо», философ Конфуций, футбольная команда «Гуандун Хэнда», баскетболист Линь Шухао, газета «Янцзы ваньбао», город Тяньцзинь.

2. Поставьте глагол «состояться» в нужной грамматической форме.

1. Сначала мы проведем две лекции, а после обеда у нас (состояться) экзамен.

2. Встречи этих президентов в прошлом году (состояться) два раза.

3. Если ты ничего не будешь делать, в твоей жизни никогда (не состояться) интересные события.

4. В этом зале (состояться) торжественный обед в честь лучших студентов университета.

5. Концерт должен был (состояться) в 17-00, но артист опоздал, поэтому концерт (состояться) на два часа позже.

3. Переведите эти предложения на русский язык, используйте слова «зря» или «не зря».

1) 你别说自己不帅，我们班有好多女生喜欢你呢。

2) 我不是无缘无故跟你说坐地铁的。你看看这么多车，坐车的话要在车里待两个小时。

3) 这个作家没白在农村待两个星期，他在这段时间创作了两篇短篇小说和三首诗。

4) 你白戴墨镜了，那里天气阴郁，不见阳光。

5) 幸好我们带了两个朋友过来，这么重的桌子要四个人才抬得起来。

Упражнения на усвоение фактического материала

1. Чему Петр Первый научил жителей России? Выберите правильные ответы.

Петр Великий…	Научил	Не научил
Научил жителей России читать газеты		
Научил жителей России курить		
Научил жителей России играть в футбол		
Научил жителей России есть палочками		
Научил жителей России носить модную одежду		
Научил жителей России кататься на велосипедах		
Научил жителей России ловить рыбу		
Научил жителей России изучать европейские языки		
Научил жителей России пить кофе		
Научил жителей России печь хлеб		
Научил жителей России брить бороды		

Россия быстро меняется ТЕМА 4

2. Заполните таблицу исторических событий эпохи Петра Великого.

Историческое событие	Год
Петр Первый начинает Северную войну против Швеции	1700
	1703
	1709
Русское царство становится Российской империей	
Петр Первый провёл реформу календаря	
	1712
Петр Первый посадил своего сына Алексея в тюрьму	
	1725

3. Определите, какие отношения с этими людьми были у Петра Великого.

Образец: Фёдор Алексеевич Романов был старшим братом Петра Первого.

Михаил Фёдорович, Алексей Михайлович, Иван Алексеевич, Софья Алексеевна, Екатерина, Александр Меншиков, Алексей Петрович.

Завершая тему (речевые и творческие задания)

1. На этих картинках вы видите традиционную русскую одежду и европейскую одежду. Чем она отличается (нужные слова можно найти в словаре)? Какая одежда, по вашему мнению, удобнее, красивее. Какую одежду вы бы выбрали для себя?

2. Петр Первый знаменит тем, что сильно изменил жизнь в России: заставил всех русских пить кофе, носить европейскую одежду, танцевать европейские танцы. Представьте, что у вас есть возможность изменить жизнь в вашем университете. Какие реформы вы можете предложить? Как вы думаете, как отнесутся к этим реформам студенты и преподаватели?

3. В успехах Петра Первого большую роль сыграли его друзья (например, Александр Меншиков). Они тоже мечтали сделать Россию лучше, поэтому помогали Петру во всём. Есть ли у вас такие же верные и надёжные друзья? Расскажите о том, кто из них мог бы помогать вам, если бы вы стали императором или президентом? В чём они могли бы помогать вам? Постройте свой ответ по образцу:

Если бы я был императором, то мой друг Ян Ян мог бы…

Если бы я была президентом, то я бы попросила свою подругу Ли Фань, чтобы она…

Мой друг Ян Ян мог бы помогать мне так: он мог бы…

Моей помощницей могла бы стать моя подруга Ли Фань, которая…

4. Известно, что Пётр Великий был кумиром великого русского поэта А.С. Пушкина. А какого великого человека в истории Китая вы можете назвать своим кумиром? Объясните, что именно вам нравится в этом историческом герое.

5. В последние годы Китай тоже быстро меняется, он становится всё более похожим на США и европейские страны. В чём Китай похож, а в чём не похож на европейские страны? В чём китайцы похожи, а в чём не похожи на европейцев? Используйте выражения:

Китай стал похож на европейские страны в том, что …

Китайцы стали больше похожи на европейцев в том, что …

Китайцы и европейцы стали больше похожи друг на друга, потому что…

Китай не похож на европейские страны тем, что…

Китай отличается от европейских стран в том, что…

От Екатерины I до Александра I

В одном известном русском фильме были такие слова: "После Петра Великого России не везло на царей". Действительно, не везло. Императоров и императриц было много (всего в XVIII веке после Петра I их было восемь), а больших успехов в развитии страны не было. XVIII век вошёл в историю России как время, когда страной более 40 лет управляли женщины (Екатерина I, Анна Иоанновна, Елизавета Петровна и Екатерина II), как время великих побед в науке (Михаил Ломоносов) и в войнах (Александр Суворов), а также как время великих трудностей для простого русского народа.

УРОК 1. От Екатерины I до Екатерины II

ТЕКСТ А. После Петра Великого

С 1725 года (год смерти Петра Великого) до 1741 года, когда правительницей России стала его дочь <u>Елизавета Петровна</u>, в России было непростое время. За 16 лет поменялось 5 императоров и императриц! Дело в том, что Пётр **отменил** закон, по которому императором России мог быть только сын императора (наверное, это случилось потому, что Пётр был очень недоволен своим собственным единственным сыном Алексеем). И теперь управлять Россией мог любой человек - русский или иностранец, мужчина или женщина, генерал или даже учитель танцев. Чаще всего вопрос о том, кто будет императором, решала <u>гвардия</u> - солдаты, которые **охраняли** императора. Так, в 1725 году жена Петра Екатерина I стала императрицей с помощью гвардии (потом это уже станет традицией).

> В честь Екатерины Первой назван город Екатеринбург, самый крупный город на Урале, один из самых крупных городов в современной России.

Но Екатерина умерла в 1727 году, и императором стал внук Петра I, 11-летний Пётр Алексеевич (или Пётр II). К сожалению, Пётр II умер уже через 3 года от болезни, и императрицей стала <u>Анна Иоанновна</u>, дочь Ивана V (брата Петра Первого). Она **была у власти** в течение 10 лет - отличный результат в то время! Потом императором стал Иван

> Фаворит (сравните с английским словом favorite) - это человек, который имеет особенно близкие отношения с царем или императором. В XVIII веке во времена правления женщин - Анны Иоанновны, Елизаветы Петровны и Екатерины II - фавориты играли в России огромную роль. Считается, что Московский университет Михаил Ломоносов открыл именно при помощи Елизаветы Петровны, хотя на самом деле Ломоносову помогал фаворит императрицы. Шувалов сыграл большую роль в открытии в Санкт-Петербурге Академии художеств - университета, где учились художники.

VI, которому не было еще и года. В 1741 году, опять с помощью гвардии, императрицей стала дочь Петра Елизавета, а маленького Ивана VI **посадили в тюрьму**, где он провел всю свою жизнь.

Ни Екатерина I, ни Петр II, ни Анна Иоанновна, ни Иван VI, ни Елизавета Петровна государством не управляли, потому что не умели. Вместо них страной управляли фавориты. Менялись императоры - менялись и фавориты. Елизавета Петровна, которая управляла Россией с 1741 до 1761 года, имела несколько фаворитов. Сама Елизавета знаменита тем, что очень любила петь, танцевать, и у нее было 15 тысяч платьев.

После Петра I, к сожалению, в русской истории долго не было талантливых правителей. Но Россия - великая страна, и в ней было немало великих людей, среди которых особое место занимает Михаил Ломоносов. Он родился в маленькой деревне на берегу Белого моря. С огромным трудом он добрался до Москвы, где у него не было ни друзей, ни родственников, жил очень бедно, но учился, учился и учился. Он стал первым русским ученым, известным во всем мире, но он работал не только для собственной славы - он сделал очень многое, чтобы такие же молодые люди со всей страны могли учиться.

Михаил Ломоносов

Ломоносов верил, что любой человек должен стремиться к знаниям, чтобы быть полезным для своей страны. После Петра I Ломоносов является самым великим русским человеком XVIII века, и до сих пор остается кумиром для ученых всего мира. А самый известный университет в России - Московский государственный университет имени М.В. Ломоносова - **носит его имя** (в Европе и Америке этот университет так и называют - Lomonosov University).

 Исторические термины:

Елизаве́та Петро́вна—伊丽莎白·彼得罗夫娜（1709—1762，彼得一世与叶卡捷琳娜一世之女，俄罗斯帝国女皇，1741—1762年在位）

гва́рдия—近卫军

Анна Иоа́нновна—安娜·约安诺夫娜（1693—1740，罗曼诺夫王朝俄罗斯女皇）

фаворит—宠臣

М. В. Ломоносов—米哈伊尔·瓦西里耶维奇·罗蒙诺索夫（1711—1765，俄国百科全书式的科学家、语言学家、哲学家和诗人，被誉为俄国科学史上的彼得大帝）

Московский государственный университет имени М.В. Ломоносова —国立莫斯科罗蒙诺索夫大学，即莫斯科大学

 Запомните слова и выражения (работайте со словарем!):

поменяться (Трудный глагол! В тексте он использован в значении «новое появляется вместо старого», синоним «смениться», обычно о людях; есть еще глагол «поменяться» в значении «стать другим» (синоним «измениться») и «поменяться» в значении «обменяться с кем? чем?», не путайте эти глаголы!) *В этой стране недавно поменялся президент, поэтому так всё поменялось, всё стало не так, как раньше. У нас опять поменялся преподаватель, в этом году уже третий раз, и каждый преподаватель учит нас по-своему. У меня несчастье: сменились соседи, новые соседи каждый вечер танцуют, я, наверное, с ума от этого сойду.*

отменить (что? – о правилах и законах) *Говорят, что закон «Одна семья – один ребенок» в Китае скоро отменят, правда ли это? В России все молодые люди должны служить в армии, и этот закон никто не отменял и не собирается отменять. В нашей школе раньше все должны были носить одинаковую школьную форму, но потом это правило отменили.*

охранять (кого? что? от чего?) *Эти люди в черных костюмах вокруг президента стоят не просто так - они его охраняют. Мы должны охранять природу, охранять животные и растения, пусть наш мир будет зеленым и красивым. Наша армия охраняет нашу Родину от врагов. Преподаватель считает, что сейчас русский язык слишком похож на английский, что русский язык нужно охранять от ненужных иностранных слов.*

быть у власти (только о главных людях в государстве) *В России президент может быть у власти только шесть лет, потом ему нужно снова участвовать в выборах. В старые времена императоры были у власти очень долго; пока император не умрёт, он может быть у власти.*

посадить в тюрьму (кого? за что?) *Моего соседа недавно посадили в тюрьму, оказалось, он был очень плохим человеком. Если ты не будешь соблюдать законы, то у тебя будут большие проблемы, тебя могут посадить в тюрьму. Великого русского писателя Максима Горького в 1905 году посадили в тюрьму, но потом отпустили, потому что писатели всего мира были против этого решения царя.*

носить имя (имя кого? = чьё имя?) *Улица, на которой я живу, носит имя героя Великой Отечественной войны Евгения Дикопольцева. Эта библиотека носит имя советского писателя Николая Островского. Крупнейший город Урала раньше носил имя*

Якова Свердлова и назывался Свердловск, а сейчас он снова носит имя Екатерины Первой и называется Екатеринбург.

 Ответьте на вопросы по тексту:

1. Почему время с 1725 года до 1741 года считается очень непростым?
2. Кто помогал управлять страной при Екатерине I, Петре II, Анне Иоанновне, Иване VI и Елизавете Петровне?
3. Каким человеком была Елизавета Петровна?
4. Что вы знаете о Михаиле Ломоносове?

ТЕКСТ Б. "Золотой век" Екатерины Великой

> Екатерина II получила русское имя "Екатерина", когда приехала в Россию, чтобы стать женой Петра III. Ее настоящее имя - София Августа Фредерика фон Анхальт-Цербстская. Попробуйте-ка произнести это имя быстро! Конечно, с таким длинным и трудным именем в России ей было бы очень трудно.

После смерти Елизаветы Петровны императором России стал Петр III, внук Петра I. Он правил всего 186 дней, а потом власть в России получила его жена, Екатерина II (опять с помощью гвардии). Петр III был убит фаворитами новой императрицы.

Екатерина II была иностранкой, ее родным языком был немецкий, но она была очень образованной женщиной своего времени, выучила русский и еще несколько языков, много читала, в том числе серьезные книги по истории и политике. У Екатерины было много хороших планов: люди в России должны получать

> Екатерина была императрицей целых 34 года - с 1762 по 1796 годы. За это долгое время у нее было очень много фаворитов - историки посчитали, что только главных фаворитов было 11!

образование, страна должна стать сильнее и богаче, Россию должны **уважать** во всем мире. На первый взгляд, Екатерина была прекрасно готова к тому, чтобы управлять Россией. Но это, к сожалению, не так. Как и раньше, большую роль играли фавориты, а жизнь простых людей совсем не стала лучше.

И хотя Екатерина все время говорила о том, что она хочет сохранять **традиции** Петра Великого (она очень уважала Петра и памятник "Медный всадник" - это ее подарок первому российскому императору), но это не было правдой. Петр Первый, как вы уже знаете, **ценил** способности людей и уважал даже простых людей, если они хорошо делали свое дело. Во время Екатерины русское общество **разделилось** на две части: крестьян, которые работали **день и ночь** и жили очень бедно, и дворян, которые совсем не работали, а жили очень богато. Екатерина делала все, чтобы жизнь крестьян была труднее, а жизнь дворян - лучше и веселее. А русские крестьяне очень страдали.

Но страдали не только русские крестьяне. К концу XVIII века Российская империя была большим и <u>многонациональным государством</u>. Жизнь нерусских народов, особенно <u>на Урале</u> и на Волге, тоже не была лёгкой. В 1770-х годах на Урале начинается восстание, которое стало самым важным историческим событием эпохи Екатерины Второй.

Екатерина II
(художник Ф. Рокотов)

 Исторические термины и географические названия:

Екатери́на II — 叶卡捷琳娜二世（1729—1796, 俄罗斯帝国女皇）
дворяни́н (复数 дворя́не) — 贵族
многонациона́льное госуда́рство — 多民族国家
Ура́л — 乌拉尔 —— 俄罗斯乌拉尔河及乌拉尔地区

 Запомните слова и выражения (работайте со словарём!):

уважать (кого? что? за что?) *Молодёжь должна уважать людей старшего поколения. Я очень уважаю Ивана за то, что он всегда говорит правду. Если ты хочешь, чтобы тебя уважали, ты не должен думать только о себе. В музее нам рассказали, что мы должны уважать память о прошлом.*

традиция (что делать?; запомните выражения «ввести традицию», «забыть традицию») *Каждый человек должен уважать и ценить традиции своей страны. В России нет традиции есть палочками, а в Китае нет традиции пить кофе. Традицию отмечать Новый Год в России ввёл Пётр Первый. Раньше в России тоже была каллиграфия (书法), но сейчас традиции этого искусства уже забыли.*

ценить (кого? что? за что?) *Мы должны ценить жизнь только за то, что она у нас есть. Я не хочу выбрасывать свой старый компьютер, я очень ценю его за то, что он столько лет надёжно работал. Виктор Степанович очень недоволен тем, что его не ценят на работе: не хотят делать его начальником, платят ему мало денег. Я очень ценю твою дружбу, ценю тебя за то, что ты всегда был со мной рядом.*

разделиться (на сколько частей? на кого и кого?) *Туристы разделились на две группы: одна группа пошла по магазинам, а другая вернулась в гостиницу. Мнения разделились: одни читатели хвалили эту книгу, другим она не понравилась. Во время Троецарствия Китай разделился на царство У, царство Вэй и царство Шу.*

день и ночь (что делать? в значении «постоянно, без перерыва») *Игорь день и* ночь сидит за компьютером, поэтому у него проблемы с глазами. Я не жалею, что выбрал русский язык, хотя я вынужден заниматься день и ночь. На каникулах мне скучно, день и ночь отдыхаю, не знаю, чем заняться.

эпоха (кого? чего? жить в эпоху (кого? чего?) *Вторая половина XIX века – очень важная эпоха в истории русской литературы, эпоха Тургенева и Некрасова, Достоевского и Толстого, Гончарова и Чехова. Нынешние молодые люди живут в эпоху Интернета и относятся к нему как к обычному делу, а я отношусь к Интернету с большим уважением, потому что я родился в другую эпоху. Меняются времена, меняются эпохи, меняется мода: сейчас девушки могут носить такую одежду, о которой в древнем Китае они даже не могли и думать.*

 Ответьте на вопросы по тексту:

1. Кто убил Петра III?
2. Какие хорошие планы были у Екатерины II?
3. Как русское общество разделилось во время Екатерины?
4. Как жили разные народы (кроме русских) на территории Российской империи?

ТЕКСТ В. Крестьянская война Емельяна Пугачева

В прекрасном городе Санкт-Петербурге в 1770-х годах жизнь была прекрасна. В красивых **дворцах** играла чудесная музыка, богатые дворяне танцевали и пили вино. Поэты писали стихи о том, как народ любит Екатерину II, о том, что в России наступил "Золотой век" - самое счастливое время за всю историю страны!

Но "Золотой век" наступил только для дворян. "Великой" Екатерину II назвал не простой народ, а именно дворяне, которые были очень довольны такой императрицей. Крестьяне не танцевали и не пили вино. Они работали.

> Об истории появления казаков в России нужно рассказать отдельно. В XVI веке многие русские крестьяне уходили из своих деревень на границы страны - на Дон, на Кубань, на Урал. Там они могли получить свободу и землю, но для этого им нужно было служить в армии и защищать границы страны. Так в России появились казаки - очень особенная группа людей, наполовину свободные крестьяне, наполовину солдаты. Именно казаки в XVI и XVII веках сыграли большую роль в присоединении Сибири и Дальнего Востока к Русскому царству.

С каждым годом им приходилось работать все больше и больше, потому что России **требовалось** все больше денег на балы для дворян и на частые войны. Крестьяне мечтали о том, что придет новый, добрый царь и сделает их жизнь легче.

И такой царь появился. Правда, это был не настоящий царь. Казак Емельян Пугачев в 1772 году объявил, что он - Петр III (муж Екатерины II, которого, как вы знаете, в 1762 году убили ее фавориты). Крестьяне поверили ему, и армия Пугачева быстро росла. В нее входили крестьяне, рабочие с уральских заводов, казаки и представители национальностей, которые жили на Волге и на Урале, - татары, башкиры, калмыки, казахи. Армия Пугачева стала такой большой, что смогла захватить несколько городов. Восстание **превратилось** в крестьянскую войну.

Емельян Пугачев

Екатерина II и дворяне очень **испугались**. Армия Пугачева было совсем небольшой, но во многих городах ее встречали с радостью. В 1774 году многие думали, что Пугачев скоро пойдет на Москву, а потом и на Санкт-Петербург. Но, как и Степан Разин в XVII веке, Емельян Пугачев не смог изменить жизнь в России. Его победили, поймали и привезли в Москву. В Москве, на Болотной площади, где собралось много людей, прошла казнь Пугачева. Екатерина II запретила даже вспоминать его имя. О восстании Пугачева прекрасную книгу "Капитанская дочка" написал А.С. Пушкин, но он смог сделать это только в середине XIX века. Во времена Екатерины II писатель, который хотел написать правду о жизни крестьян, мог закончить свою жизнь так же, как Емельян Пугачев. Так, русский писатель Александр Радищев в 1791 году написал знаменитую книгу "Путешествие из Петербурга в Москву", в которой он описал ужасную жизнь русского народа. Екатерина II прочитала книгу и сказала: "Этот Радищев еще хуже Пугачева!", и приказала книгу **сжечь**, а Радищева отправить в Сибирь. Вот такой "Золотой век" был в России во времена Екатерины Великой!

 Исторические термины и географические названия:

Золото́й век—黄金时代（俄罗斯18世纪下半叶）

бал—舞会

каза́к—哥萨克军人（哥萨克是生活在东欧大草原的游牧群体，是俄罗斯和乌克兰民族内部具有独特历史和文化的一个地方集团，历史上以骁勇善战和骑术精湛著称，是俄罗斯帝国于17世纪东扩赖以支持的主要力量）

Емелья́н Пугачёв—叶梅连·普加乔夫（约1742—1775，顿河哥萨克，农民战争的领袖）

тата́ры, башки́ры, калмы́ки, каза́хи—鞑靼人，巴什基尔人，卡尔梅克人，哥萨克人（俄罗斯主要少数民族）

Боло́тная пло́щадь (в Москве́)—博洛特纳亚广场（俄罗斯首都莫斯科的一个广场，位于莫斯科河南岸、克里姆林宫对面）

«Капита́нская до́чка» — 《上尉的女儿》（普希金创作的反映普加乔夫农民起义的中篇小说）

«Путеше́ствие из Петербу́рга в Москву́» (кни́га А. Ради́щева) — 《从彼得堡到莫斯科旅行记》——作者亚历山大·尼古拉耶维奇·拉吉舍夫（1749—1802，俄国哲学家、经济学家与作家，启蒙主义学者）

 Запомните слова и выражения (работайте со словарем!):

дворец *Кремль – это дворец, Гугун – это дворец и Зимний дворец – тоже дворец, но какие же разные эти дворцы! Нина не любила делать уроки; она мечтала быть принцессой* （公主）, *жить во дворце и каждый день есть торты. Петр Первый не очень любил большие дворцы и предпочитал жить в простом доме.*

требоваться (кому? требуется что? для чего? или на что?) *Мне требуется еще 10 дней, чтобы довести эту работу до конца. Для покупки новой квартиры требуется не менее 500 тысяч юаней. Игорю потребовался всего час на перевод этого трудного стихотворения. Человеку для жизни требуются вода, еда, воздух и отдых.*

превратиться (несов. вид – превращаться, в кого? во что?) *Наступила зима, вода в реке превратилась в лёд. Всего за несколько лет обычная девочка превратилась в прекрасную девушку. Сунь Укун имел много разных способностей, например, он мог превращаться в разных людей и животных.*

испугаться (кого? чего?) *Юрий такой большой и высокий, а испугался маленькой мышки – начал прыгать и кричать: «Ой, мама! Ой, боюсь!». Охотник встретил в лесу медведя, но не испугался; охотник был старый, опытный, начал кричать на медведя, и медведь сам испугался и убежал. Поздно вечером в дверь кто-то постучал; я очень испугался, потому что никого в гости не ждал.*

сжечь (несов. вид – «сжигать», что?) *Поэт был недоволен своими стихами и сжёг их. Крестьяне сжигают сухую траву. У китайцев есть традиция – сжигать бумажные деньги «минби» в память об умерших родственниках.*

 Ответьте на вопросы по тексту:

1. Какой период считается «Золотым веком» для дворян?
2. Почему крестьянам приходилось работать все больше и больше с каждым годом?
3. В какой книге А.С. Пушкин написал о восстании Пугачёва?
4. Кто такой Александр Радищев, и почему его отправили в Сибирь?

После урока

Языковые упражнения

1. Постройте предложения с выражением «носить имя» по образцу.

Образец: *МГУ им. М.В. Ломоносова – МГУ носит имя великого русского учёного М.В. Ломоносова.*

Улица Гоголя, площадь Пушкина, Университет им. Д.И. Менделеева, Театр им. В.В. Маяковского, Парк им. Ю.А. Гагарина, Консерватория им. П.И. Чайковского, Киностудия им. А.М. Горького, Театр им. К.С. Станиславского, Больница им. Н.И. Пирогова, Библиотека им. В.И. Ленина, Университет им. М.А. Шолохова.

2. Постройте предложения о знаменитых людях в истории Китая по образцу, используйте выражение «жить в эпоху (кого?)».

Образец: *Ли Бай жил в эпоху Тан.*

У Цзэтянь, Юэ Фэй, Чжэн Хэ, Ду Фу, Хуа То, Ван Мянь, Сыма Цянь, Дяочань, Тан Боху, Линь Цзэсюй, Ли Цинчжао, Ян Юйхуань, Цинь Шихуан.

3. Из двух предложений сделайте одно, используйте в них слова «ценить» или «уважать».

Образец: *Борис всегда помогает другим, все считают, что он молодец. Все уважают Бориса за то, что он всегда помогает другим.*

1) Петр много читает и очень много знает. Все товарищи в группе очень любят его за это.

2) Алексей говорит на восьми иностранных языках. Он такой молодец, я восхищаюсь!

3) Андрей может работать день и ночь, на работе его за это считают полезным человеком.

4) Нужно защищать слабых. Люди будут хорошо относиться к тебе за это.

5) Этот словарь мне очень часто помогал в жизни. Я очень люблю его за это.

6) Русские очень любят носить зимой валенки. Валенки – очень теплая обувь.

4. Переведите эти предложения на русский язык, используйте глагол «поменяться» (1-3) и «требоваться» (4-6).

1) 俄罗斯足球队又换教练了，新教练的工资要比以前教练多得多。

2) 这个餐厅换厨师了，新厨师比老厨师差得多，我再也不来这里吃饭了。

3) 安娜今年换了4个男朋友，她的女朋友们认为安娜太轻浮，而她则是在寻找完美的男人。

4) 我工作需要安静的环境，我无法在嘈杂的环境中工作。

5) 一碗米饭不够我吃。我至少需要三碗才能吃饱。

6) 手术后维克托急需输血。谁能帮助他？

Упражнения на усвоение фактического материала

1. Расставьте этих правителей Российской империи в историческом порядке:

Екатерина II, Елизавета Петровна, Петр III, Екатерина I, Петр II, Иван VI, Анна Иоанновна.

2. Заполните таблицу:

Имя	Исторический факт
Екатерина Первая	Жена Петра Первого, русская императрица
Елизавета Петровна	
	Казак, начал крестьянскую войну против Екатерины II
Александр Радищев	
	Великий учёный, основатель первого русского университета
Петр Третий	
	Была императрицей России 34 года
Анна Иоанновна	

3. В этих предложениях есть исторические ошибки. Найдите и исправьте их.

Образец: *Екатерина Первая – сестра Екатерины Второй. Нет, они не родственники.*

1. Михаил Ломоносов родился в Москве, в богатой дворянской семье.

2. Елизавета Петровна была очень скромной женщиной, у нее было только три платья.

3. Елизавета Петровна стала императрицей, потому что больше никто не хотел быть.

4. Екатерина Первая была императрицей очень долго – 34 года.

5. Емельян Пугачев на самом деле был Петром Третьим, русским императором.

6. Екатерину Вторую очень любили все крестьяне, потому что она сделала их жизнь прекрасной.

7. У русских императоров и императриц, кроме Екатерины Второй, никогда не было фаворитов.

8. О Емельяне Пугачеве книгу «Капитанская дочка» написал писатель Александр Радищев.

УРОК 2. Конец XVIII века

ТЕКСТ А. Великие победы русских военачальников

Александр Васильевич Суворов - один из самых **замечательных** людей России XVIII века. История его жизни, как и история жизни Михаила Ломоносова, должна стать примером для современных молодых людей. Суворов - самый знаменитый русский военачальник за всю историю страны. За всю свою жизнь он провел более 60 битв и не проиграл ни одной из них!

Отец Александра Суворова сам был военачальником и назвал сына в честь Александра Невского. Но в детстве Александр был очень слабым и часто болел. Тем не менее, он очень хотел стать таким же великим военачальником, как Александр Невский, много занимался спортом и, в конце концов, стал военным, и в этом деле он быстро добился успехов.

В эпоху Екатерины II Россия вела долгие войны с Турцией за выход к Чёрному морю (первая война продолжалась 6 лет, вторая - 5 лет). Суворов **прославился** именно в этих войнах, особенно в 1790 году, когда он взял турецкую крепость Измаил (недалеко от того места, где сейчас находится украинский город Одесса). Суворов был одним из самых знаменитых дворян России в то время, его очень уважала Екатерина II, но сам он всегда был очень скромным человеком и очень хорошо относился к простым солдатам. Каждое утро он очень рано вставал,

Александр Суворов

носил простую одежду и ел очень простую еду. Суворов всегда обращал внимание на то, что солдатам **в мирное время** надо много заниматься, тогда им будет легче победить врага во время войны. Его знаменитые слова "Тяжело в учении - легко в бою" нужно запомнить всем студентам: учиться тяжело, но успехи в учебе потом обязательно станут успехами в жизни. Еще Суворов очень любил говорить: "Сам погибай, а товарища выручай" - даже когда тебе трудно, нужно помогать своим друзьям. В 1799 году уже немолодой Суворов вместе со своими солдатами отправился в Европу, чтобы воевать против французской армии, которая уже тогда

Переход армии Суворова через Альпы (Василий Суриков)

считалась одной из самых сильных в мире. Русская армия Суворова уверенно победила французов. Картина русского художника Василия Сурикова "Переход Суворова через Альпы" рассказывает нам об этой **славной странице русской истории**.

Еще одним талантливым русским военачальником эпохи Екатерины II был Фёдор Ушаков. Ушаков **командовал** русским флотом в Черном море, где добился больших успехов в войне с Турцией. Как и Суворова, Ушакова знали и уважали во всем мире.

Исторические термины:

Суво́ров А.В.—亚历山大·瓦西里耶维奇·苏沃洛夫（1729—1800，俄国大元帅，俄国史上的常胜将军之一）

Изма́ил—伊兹梅尔（土耳其要塞）

"Перехо́д Суво́рова че́рез Альпы"—《苏沃洛夫越过阿尔卑斯山》（瓦西里·伊万诺维奇·苏里科夫的画作）

Фёдор Ушако́в—费多尔·费多罗维奇·乌沙科夫（1744—1817，俄罗斯帝国著名海军上将，创立黑海舰队并担任舰队第一任司令）

Запомните слова и выражения (работайте со словарем!):

замечательный (сочетается с любыми словами, значение сильнее, чем у слова «прекрасный») *Сегодня замечательная погода, пойдем скорее гулять. Я очень советую вам прочитать этот роман, это замечательная книга, которую должен прочитать каждый. Наш преподаватель Мария Александровна – замечательный человек, все студенты ее очень любят.*

прославиться (чем?; можно «как кто?» или «как что?», запомните выражения «прославиться на весь мир, на всю Россию») *Валентина Терешкова прославилась тем, что стала первой в мире женщиной-космонавтом (Валентина Терешкова прославилась как первая в мире женщина-космонавт). Ли Бай прославился как самый великий поэт эпохи Тан. Раньше об этом ресторане никто не знал, но его однажды посетил сам Си Цзиньпин, после этого ресторан прославился на весь Китай. Петр очень любит сладкое; однажды он один съел два торта, этим и прославился на всё общежитие, его так и стали называть «Петя-два торта».*

в мирное время (антоним «во время войны») *Мы счастливы, потому что мы живём в мирное время и знаем, что такое война, только по книгам и фильмам. Во время войны наша армия будет защищать Родину, а в мирное время она помогает делать жизнь людей лучше.*

славная страница истории (период истории, которым можно гордиться) *В эпоху*

От Екатерины I до Александра I **ТЕМА 5**

Тан в истории Китая было немало славных страниц. Визит президента России в наш университет – одна из самых славных страниц его истории.

командовать (кем? в значении «руководить» используется только о военных, в устной речи может использоваться и в других сочетаниях, кем? или над кем?) *Генерал – это военный руководитель, который командует большой армией. Во время войны против японских захватчиков Восьмой армией Китая командовал Чжу Дэ. В их семье командует жена, а муж ее всегда слушается. Я не люблю, когда другие люди надо мной командуют.*

Ответьте на вопросы по тексту:

1. Почему Суворов считается самым великим военачальником России?
2. Какой у Суворова был характер? На что Суворов всегда обращал внимание?
3. Какие знаменитые слова Суворова нужно запомнить всем студентам?
4. Какой еще военачальник, кроме А.В. Суворова, был знаменитым в эпоху Екатерины II?

ТЕКСТ Б. Конец эпохи Екатерины II

У Екатерины II был сын Павел и два внука - Александр и Николай. Своего сына Павла Екатерина не любила: сын **напоминал** ей мужа, Петра III. Она гораздо больше любила своего старшего внука - Александра, и хотела, чтобы именно Александр стал следующим императором. В 1796 году Екатерина II умерла, и императором стал Павел, который вошел в историю как Павел Первый (хотя в русской истории никогда не было второго Павла).

Павел Первый был очень необычным человеком. Он считал, что во всем в жизни должен быть порядок. Императором он был недолго - всего 5 лет - но за это время он написал очень много указов: какую одежду можно носить, какие книги можно читать, какие слова можно говорить, а какие нельзя (многие из этих указов были очень странными, например, Павел запретил говорить слово "врач"). В историю этот император вошел именно из-за своих **странностей**.

В 1801 году Павел Первый был убит в своем дворце. Грустный, но очень обычный конец для русского императора! Его сын, Александр, любимый внук Екатерины II стал императором России на долгие 24 года. Молодой Александр **обещал** "управлять народом, как его мудрая бабушка". Вообще, он был очень похож на свою бабушку Екатерину - у него тоже было много хороших желаний, но ничего особенного он сделать не успел. Он тоже **сожалел** о тяжелой жизни крестьян, но так и не смог сделать их жизнь лучше. Красивый и образованный молодой человек, он прекрасно танцевал и говорил на

Портрет Александра I

иностранных языках, и **произвел** очень хорошее **впечатление** на великого французского императора Наполеона, они на некоторое время даже стали друзьями. Но все это было до 1812 года, когда в истории России началась новая страшная война и новая эпоха.

 Исторические термины:

Па́вел I — 保罗一世（1754—1801，俄罗斯帝国皇帝）
ука́з — （最高政权机关或国家元首的）命令
Алекса́ндр I — 亚历山大一世（1777—1825，俄罗斯帝国皇帝，保罗一世之子，叶卡捷琳娜二世之孙）
Наполео́н — 拿破仑（1769—1821，法国皇帝）

 Запомните слова и выражения (работайте со словарем!):

напоминать (кого? или что? чем? или по чему?, в значении «казаться немного похожим»; не путайте с «напоминать кому? о чём?» со значением «не дать забыть») *Внешностью дочь похожа на маму, а характером напоминает бабушку. Своим приятным низким голосом она напоминает мне известную певицу. По вкусу этот фрукт напоминает яблоко. Когда Валентин надевает очки, он напоминает настоящего профессора. Посмотри! Это облако напоминает большую белую лошадь!*

странность (запомните выражение «терпеть чьи-то странности») *У каждого человека свои странности: например, художник Репин зимой любил спать на балконе. Я не хочу жить в одной комнате с Борисом, у меня нет сил терпеть его странности, например, его привычку вставать ночью, чтобы поесть. Этот преподаватель любит петь песни во время лекции, но студенты не против, они считают это милой странностью.*

обещать (кому? что?) *Папа обещал сыну новый велосипед. Я обещал себе, что никогда больше не буду опаздывать. Обещай, что будешь любить меня всю жизнь. Я постараюсь найти эту редкую книгу, но я не обещаю, что обязательно найду ее.*

сожалеть (о чём? или по поводу чего?; выражение «очень сожалею» может быть синонимом «очень жаль») *В наш город приезжал российский театр балета, показывали «Лебединое озеро», а я не смог пойти, и я сейчас об этом сильно сожалею. Два года назад я переехал из Сианя в Далянь и совершенно об этом не сожалею, на мой взгляд, Далянь – замечательный город. Я очень сожалею, но ничем не могу вам помочь.*

произвести впечатление (на кого? чем?, обязательно в положительном значении) *Шанхай производит впечатление своими высокими зданиями и огромным количеством машин. Ирина очень красива, она прекрасно одевается, она умеет произвести впечатление на мужчин. Прозвенел звонок, но никто из студентов даже и не думал выходить из аудитории: было видно, что лекция произвела впечатление.*

От Екатерины I до Александра I **ТЕМА 5**

 Ответьте на вопросы по тексту:

1. Кто, по мнению Екатерины Второй, должен был стать следующим императором России?
2. Почему Павел Первый считается странным человеком?
3. На сколько лет Александр I стал императором России?
4. Чем Александр I произвёл впечатление на французского императора Наполеона I?

После урока

Языковые упражнения

1. Переведите эти предложения на китайский язык, используйте слово «замечательный».

1) 我无论如何都无法忘记与你一起度过的那个夜晚，那真是一个美好的夜晚。
2) 北京烤鸭是非常好的一道菜。它不仅美味，而且通常被认为是北京饮食文化的代表事物。
3) 阿廖沙有着出色的记忆力，他从来不会忘记任何事。
4) 去年在我身上发生了一件美好的事：我遇到了自己的真爱。

2. Постройте предложения по образцу. Используйте выражение «прославиться как кто?».

Образец: *А.С. Пушкин – поэт. А.С. Пушкин прославился как великий русский поэт*

1) Дмитрий Менделеев – учёный.
2) Николай Пирогов – врач.
3) Василий Суриков – художник.
4) Фёдор Волков – актёр.
5) Анна Павлова – балерина.
6) Герман Титов – космонавт.
7) Николай Некрасов – поэт.
8) Алла Пугачёва – певица.

3. Поставьте слова в скобках в нужную грамматическую форму. Поставьте предлоги, если нужно.

1) Этот человек напоминает (я) (моего брата). Я сначала даже подумал, что это и есть мой брат.
2) Если смотреть на эту дорогу с высокой горы, то она (форма) напоминает (змею).
3) Этот музей (вид) напоминал (храм).
4) Юля совсем не умела печь хлеб, поэтому её первый хлеб (вкус) напоминал (бумага).
5) Её глаза (цвет) напоминали (небо) – они были такими же удивительно синими.

история России

■ Упражнения на усвоение фактического материала

1. Вставьте пропущенные слова:

1) Александр Суворов был великим русским_____, за свою жизнь он провёл более 60 битв и не_____ни одной!

2) В эпоху Екатерины II Россия вела долгие войны с_____за выход к Чёрному морю.

3) В 1790 году А.В. Суворов взял турецкую_____Измаил (недалеко от современного города Одесса).

4) Суворов запомнился знаменитыми словами: «Тяжело в_____, _____в бою!»

5) В 1799 году уже немолодой Суворов участвовал в войне в _____ против _____ армии.

6) Знаменитая картина_____называется «Переход армии Суворова через_____».

7) Фёдор Ушаков командовал русским_____на_____море.

2. В этих предложениях есть исторические ошибки, исправьте их!
Образец: У Екатерины Второй не было детей. – Нет, у нее был сын Павел.

1) У Екатерины Второй был сын Павел и два внука – Андрей и Алексей.

2) Екатерина Вторая очень любила Павла и очень хотела, чтобы он стал императором.

3) Павел Первый был очень мудрым человеком, он прославился своим умом.

4) Павел Первый был императором России 24 года, а потом погиб на войне.

5) После Павла Первого императором стал Павел Второй, а потом еще был Павел Третий.

6) Александр Первый был глупым, некрасивым, ничего не умел, любил только спать и есть.

■ Упражнения на усвоение фактического материала

1. Посмотрите на эти портреты Екатерины Второй и опишите, как она выглядит. Расскажите о лице, возрасте, одежде русской императрицы. Какой портрет вам нравится больше всего?

2. Сравните российскую императрицу Екатерину Вторую и великую китайскую императрицу У Цзэтянь (武则天). Чем они похожи, а чем отличаются? Используйте следующие предложения:

Екатерина Вторая (очень) похожа на У Цзэтянь тем (в том), что...
Екатерина Вторая похожа на У Цзэтянь, потому что они обе...
Екатерина Вторая похожа на У Цзэтянь, потому что она тоже...
Екатерина Вторая совсем не похожа на У Цзэтянь, потому что она...
Екатерина Вторая отличается от У Цзэтянь в том, что она...

3. У русской императрицы Елизаветы Петровны было 15 тысяч платьев (некоторые историки пишут, что даже больше). Как вы думаете, зачем ей было нужно так много одежды? Почему у женщин одежды всегда больше, чем у мужчин? А сколько одежды у вас? Как вам кажется, у вас одежды слишком много, слишком мало или достаточно?

4. Эпоху Екатерины II называют «Золотым веком». А какую эпоху в истории Китая можно назвать такими же словами? Что хорошего было в той эпохе? В какую эпоху в истории Китая вы хотели бы жить? Чем бы вы занимались в это время?

5. О каких известных людях рассказывают эти фильмы? Что вы знаете об этих людях? Чем они прославились?

 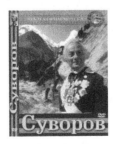 

6. Прочитайте эти слова из стихов М.В. Ломоносова:
俄罗斯大地能够
诞生自己的柏拉图
和智力灵敏的牛顿。

О чём эти стихи? О какой своей мечте писал великий учёный? Как вы считаете, сбылась ли его мечта?

ТЕМА 6

XIX век: Россия - великая и несчастная

Наступил XIX век. Для России он был и счастливым, и несчастным временем одновременно.

С одной стороны, XIX век стал "золотым веком" русской культуры. Во второй половине XIX века русская литература и русское искусство стали знамениты во всём мире. До сих во всём мире известны имена писателей Пушкина и Лермонтова, Гоголя и Тургенева, Толстого и Достоевского, Островского и Чехова, композиторов Глинки, Мусоргского, Римского-Корсакова и Чайковского, художников Перова, Сурикова, Васнецова, Крамского и Репина.

С другой стороны, в жизни простого народа почти ничего не изменилось; император имел полную власть, он и дворяне жили как будто в другом мире, не обращали внимания на проблемы обычных людей.

К концу XIX века Россия стала по-настоящему европейской страной. Другие европейские страны стали уважать Россию, считая её великой и сильной. Великую Российскую империю в Европе часто сравнивали с огромным медведем: медведь, конечно, очень сильный, но он слишком любит поспать. XIX век – это время, когда самые умные люди России верили, что медведю пора проснуться, России пора стать более современной и передовой страной.

УРОК 1. Отечественная война 1812 года

ТЕКСТ А. «Мы потеряем Москву, но не потеряем Россию»

Французский император Наполеон **был маленького роста**, но имел большие мечты: он мечтал быть правителем всего мира. В 1811 году он говорил: «Мне мешает только Россия, но я смогу легко победить её». 23 июня 1812 года Наполеон **во главе** огромной армии (более 500 тысяч солдат) начал поход на Москву. Его армия была сильной и опытной; путь от границы до Москвы он прошёл всего за 3 месяца. Сначала

> Кутузова, который был учеником великого Суворова, очень любили простые солдаты. 17 августа 1812 года, когда Кутузов начал руководить русской армией, солдаты пели песню: «Идёт Кутузов бить французов».

русский император Александр I сам пытался руководить русской армией, но он совершенно не умел этого делать, поэтому **приносил больше вреда, чем пользы.** Так получилось, что у русской армии оказалось два начальника: Барклай-де-Толли и Багратион. Оба были талантливыми и смелыми военачальниками, но они часто спорили друг с другом, а Наполеон быстро **наступал** и скоро взял город Смоленск; теперь путь на Москву для французов был открыт. Александр I очень испугался и решил сделать единственным и главным начальником русской армии Михаила Кутузова.

Михаил Кутузов был очень осторожным военачальником. Он понимал, что русской армии будет трудно бороться с таким сильным врагом. Но нужно было защищать Москву, поэтому 7 сентября 1812 года у деревни Бородино (125 км. к западу от Москвы), русская армия встретила французскую; так началось Бородинское сражение, одно из самых крупных в истории России. Сражение продолжалось только 1 день, но было таким тяжелым, что французы потеряли 30 тысяч человек, а русские – более 40 тысяч. Хотя русская армия потеряла больше солдат, нельзя сказать, что Наполеон выиграл Бородинское сражение. Он сам

Михаил Кутузов

говорил: «Из 50 битв, которые я выиграл, под Бородино я получил самый небольшой успех». Бородинское сражение – великая страница в истории России, о нем много писал Лев Толстой в романе «Война и мир», знаменита также поэма Михаила Лермонтова «Бородино». На месте сражения сейчас находится большой музей.

После Бородинского сражения Кутузов приказал **отступить** и отдать Москву Наполеону. Кутузов тогда сказал знаменитые слова: «Мы потеряем Москву, но не потеряем Россию».

Исторические термины и географические названия:

Барклáй-де-Тóлли—巴克莱·德·托利（1761—1818，俄国元帅）

Багратиóн—巴格拉季昂（1765—1812，俄军步兵上将）

Смолéнск—斯摩棱斯克（俄罗斯城市，斯摩棱斯克州首府）

Михаи́л Кутýзов—米哈伊尔·伊拉里奥诺维奇·库图佐夫（1745—1813，俄国元帅，著名将领，军事家，师从俄罗斯帝国"常胜将军"苏沃洛夫）

дерéвня Бородинó—博罗季诺村（又译"波罗季诺"，俄罗斯莫斯科州村庄）

Бороди́нское сражéние—博罗季诺战役

«Войнá и мир»—《战争与和平》（俄国作家列夫·尼古拉耶维奇·托尔斯泰的代表作之一）

«Бороди́но» — 《博罗季诺》（又译作《波罗金诺》，米哈伊尔·尤里耶维奇·莱蒙托夫的诗篇）

 Запомните слова и выражения (работайте со словарем!):

быть маленького роста (только о людях, антоним «быть высокого роста», нельзя говорить «быть маленьким») *Пока я учился в начальной школе, я был маленького роста, а потом начал быстро расти. Мужчине маленького роста в России жить нелегко, считается, что мужчина должен быть выше своей жены.*

во главе (кого? чего?; с глаголами «стоять, быть, находится») *Во главе армии царства Шу встал Лю Бэй. Во главе государства в России стоит президент, который лично принимает все главные решения. Во главе компании Alibaba находится известный во всем мире бизнесмен Ма Юнь.*

приносить вред (приносить пользу, приносить больше вреда, чем пользы; также можно «наносить вред»; кому? чему?) *Многие говорят, что Интернет приносит нам пользу, но многочасовое сидение в Интернете приносит человеку больше вреда, чем пользы. Книга – большой друг человека, но некоторые книги приносят больше вреда, чем пользы. Жара принесла большой вред крестьянам: урожай из-за жары будет плохим.*

наступать (обычно о войне; в значении «идти вперёд» 进攻; антоним «отступать»; не путайте с «наступать» в значении «приходить» 到来) *Армия наступала, солдаты смело шли вперёд. На войне нужно уметь не только наступать, но и вовремя отступать.*

отступить (куда? на сколько?; перед кем? чем?; от кого? чего?) *Эти солдаты ничего не боятся и никогда не отступают перед врагом. Чтобы получше рассмотреть картину в музее, я отступил от неё на несколько шагов. Человек с сильным характером никогда не будет отступать перед трудностями.*

 Ответьте на вопросы по тексту:

1. Что можно сказать о фигуре и о мечтах Наполеона?
2. Когда Наполеон начал поход на Москву?
3. Что вы знаете о Бородинском сражении?
4. Какие знаменитые слова сказал Кутузов после Бородинского сражения?

ТЕКСТ Б. Народная война

14 сентября Наполеон вошел в Москву. Он остановился в Кремле, но большой радости на душе у него не было: его армия потеряла много людей, а русская армия все еще ждала его под Москвой. Скоро в русской столице

начался сильный **пожар**. Наполеон понимал, что для похода на север, на Санкт-Петербург у него не хватает сил. К тому же, приближалась холодная русская зима. Наполеон решил попросить Александра I о мире, но русский император не ответил. Другого выхода не было – армия Наполеона должна была возвращаться во Францию. Против Наполеона воевала не только русская армия – в холодной и чужой для него России весь русский народ начал войну против него. Большую роль в победе над Наполеоном сыграли <u>партизаны</u> – крестьяне, которые взяли оружие и ушли в леса, и русские казаки. Среди партизан были даже женщины. Русский народ защищал свою Родину, свое **Отечество**, именно поэтому война против Наполеона получила название <u>Отечественной</u>.

К 14 декабря в армии Наполеона, которая еще в начале лета называлась «Великой», оставалось только около 1500 человек. Остальные погибли от холода, голода и в сражениях с русскими солдатами и партизанами. Весь мир увидел, что русский народ может победить даже очень сильного врага. В 1813-1814 году русская армия с победами дошла до Парижа. Александр I <u>въехал в столицу Франции на белом коне</u>; он считал себя главным героем победы над Наполеоном. Но настоящие герои не получили своих **наград**: талантливые русские военачальники Кутузов и Багратион умерли во время войны, а русские крестьяне, которые сделали все для освобождения России, не получили совсем ничего. Александр I после войны сказал такие **лицемерные** слова: «Крестьяне пусть получат награду от Бога». Теперь вы понимаете, почему великий русский поэт Александр Сергеевич Пушкин так не любил своего **тезку**, Александра I.

Герой Отечественной войны 1812 года, поэт Денис Давыдов

Исторические термины:

партизáн—游击队员

Отечéственная войнá 1812 гóда—1812年卫国战争, 又称俄法战争

въéхать в гóрод на бéлом конé—……骑着白马进入城市（攻入敌城）凯旋, 夺取战争的胜利。

Запомните слова и выражения (работайте со словарем!):

пожар (запомните выражение «тушить пожар») *В случае пожара в России нужно звонить 01. После пожара в библиотеке не осталось ни одной книги – все они сгорели.*

Лесные пожары – это страшная беда для России, не хватает людей и машин, чтобы их тушить.

Отечество (= **Родина**, = **Отчизна**) *Для меня мой родной город в Сибири – это маленькая часть моей большой Родины, России. В своей поэзии Цюй Юань выразил любовь к Родине, беспокойство за ее судьбу. Долг каждого человека – любить своё Отечество и сделать всё, чтобы оно стало лучше.*

награда (кому? = для кого? за что? с глаголами «вручать» и «получать») *Самая важная награда в мире науки называется «Нобелевская премия». Советский фильм «Баллада о солдате» получил много наград в разных странах мира. Ваша любовь к русскому языку – лучшая награда для вашего преподавателя. Этому молодому человеку, который спас ребёнка во время пожара, хотели вручить награду, но он от награды отказался, сказал, что пошёл в огонь из-за ребёнка, а не из-за награды.*

лицемерный (о человеке, словах и поступках) *Русские не любят американцев за то, что американцы всегда улыбаются; русские считают, что улыбка американцев – лицемерная, ненастоящая. Анна – лицемерный человек, она никогда не говорит того, что думает, и не делает того, что говорит.*

тёзка (кого? = кому? с местоимениями – чей? Запомните выражение «полный тёзка» - человек с таким же именем и отчеством) *Нашего преподавателя зовут Николай Гаврилович, он – полный тёзка великого русского писателя Чернышевского. Два полных тёзки – Александр Сергеевич Пушкин и Александр Сергеевич Грибоедов – жили в одну эпоху. Путин – мой тёзка, жаль, что не мой отец.*

Ответьте на вопросы по тексту:

1. Кто сыграл большую роль в победе над Наполеоном?
2. Почему война против Наполеона получила название Отечественной?
3. Чем закончилась война русских против Наполеона?
4. Какие лицемерные слова сказал Александр I после войны?

После урока

Языковые упражнения

1. Составьте из двух предложений одно. Используйте выражения «приносить вред» и «приносить пользу».

Образец: *Не надо курить. Это вредно для здоровья. – Курение приносит вред здоровью.*

1) Не надо говорить неправду. Это плохо для отношений с людьми.

2) Не надо принимать лекарства, которые не назначил врач. Они могут быть

XIX век: Россия - великая и несчастная **ТЕМА 6**

опасны для вас.

3) Не надо есть слишком много сладкого. Это вредно для зубов.

4) Надо больше плавать. Плавание очень помогает укрепить здоровье.

5) Чаще смотрите русские фильмы. Они помогут вам лучше изучать русский язык.

6) Ешьте больше черники (蓝莓). Черника может улучшить ваше зрение.

2. Постройте предложения из данных слов по образцу. Запомните эти слова!

Образец: *университет – ректор. Во главе университета стоит ректор.*

Институт – директор; факультет – декан; школа – директор; детский сад – заведующий; магазин – менеджер; библиотека – директор; больница – главный врач; тюрьма – начальник тюрьмы; армия – командир; ресторан – шеф-повар; театр – главный режиссёр; газета – главный редактор.

3. Используйте имена этих знаменитых людей России, чтобы построить предложения по образцу со словом «тёзка» (кого?). Знаете ли вы, кто эти люди?

Образец: *Александр Пушкин – Александр Блок. Александр Блок – тёзка Александра Пушкина.*

Владимир Путин, Анна Павлова, Андрей Рублёв, Пётр Чайковский, Марина Цветаева, Иван Айвазовский, Михаил Шолохов, Елена Дементьева, Василий Шукшин, Владимир Маяковский, Андрей Миронов, Николай Некрасов, Владимир Высоцкий, Михаил Глинка, Марина Дюжева, Анна Ахматова, Василий Суриков, Николай Пирогов, Пётр Столыпин, Иван Бунин, Елена Исинбаева.

Упражнения на усвоение фактического материала

1. Расставьте эти исторические события в правильной исторической последовательности.

Наполеон входит в Москву, Наполеон взял город Смоленск, Наполеон начинает войну против России, Бородинская битва, Наполеон возвращается во Францию, Кутузов становится во главе русской армии, Александр I на белом коне въезжает в Париж.

2. Вставьте пропущенное имя прилагательное.

1) Наполеон I был _____ императором.

2) Наполеон начал войну против России во главе _____ армии в 500 тысяч солдат.

3) Багратион и Барклай-де-Толли были _____ русскими военачальниками.

4) Когда Наполеон взял _____, Александр I испугался.

5) Кутузов был опытным, талантливым и _____ военачальником.

6) Наполеон говорил: «Под Бородино я получил самый _____ успех».

7) Бородинская битва - _____ страница в истории России.

3. Прочитайте этот текст. Попробуйте своими словами рассказать, о чем в нём говорится.

博罗季诺会战，未能决出真正的胜负，但为俄军消耗法军和转入反攻创造了条件。尽管从战术上看，法军取得了博罗季诺会战的胜利，俄军退出了战场，但俄军并未被歼灭，拿破仑入侵俄国的唯一目的因此落空了。在交战中双方伤亡惨重，但俄军仍拥有随时可以投入战斗的预备队，而且后勤补给安然无恙；而拿破仑的运输线太长，难以维持其现有部队的补给。结果，几个星期后遭到毁灭性打击的是法军，而不是俄军。

博罗季诺战役对1812年俄法战争的整个进程有重大影响。虽然它没有直接导致战争发生根本性转折，但标志着拿破仑军队覆灭的开始。拿破仑后来写道："在我一生的作战中，最令我胆战心惊的莫过于莫斯科城下之战。作战中，法军本应取胜，而俄军却赢得了扭转战局的主动。"

УРОК 2. Борьба за свободу

ТЕКСТ А. Восстание декабристов

В своем последнем стихотворении «Памятник» Пушкин написал прекрасные слова о том, что в трудное время он всегда мечтал о свободе. XIX век был для русских людей **по-настоящему трудным** временем. Крестьяне до сих пор не имели никаких прав, они принадлежали своему хозяину, как вещи. Этот страшный закон, которого не было уже нигде в Европе, назывался крепостное право. Молодым образованным людям, какими были Пушкин и его друзья, было очень **стыдно**, что в России есть крепостное право. Кроме того, в России не было Конституции, и император мог делать все, что он хочет. Молодые российские дворяне часто по вечерам разговаривали о своей самой большой мечте: о том, что скоро придёт такой счастливый день, когда в России не будет крепостного права и не будет императора, которого никто не уважал. Пушкин написал об этом свои знаменитые стихи «К Чаадаеву» и «Вольность», за которые его отправили в ссылку.

Запомните имена этих людей: Павел Пестель, Кондратий Рылеев, Сергей Муравьёв-Апостол, Петр Каховский, Сергей Трубецкой, Никита Муравьёв.

Казнь декабристов

XIX век: Россия - великая и несчастная ТЕМА 6

Все они были дворянами, получили прекрасное образование, и все мечтали изменить жизнь в России, и таких людей было много, среди них были и военные, и политики, и поэты. Эти люди вошли в историю как «декабристы», потому что 14 декабря 1825 года они начали восстание (<u>«Восстание декабристов»</u>)

> В 1827 году А.С. Пушкин написал стихотворение "В Сибирь", в котором поддерживал декабристов и говорил о том, что их восстание прошло не зря, что дело декабристов очень важно для России, что в будущем мечта декабристов обязательно сбудется, и в России не будет царя. Декабристы прислали великому поэту ответ, тоже стихотворение, в котором писали, что их восстание - это только искра, из которой потом вырастет большой огонь.

в Санкт-Петербурге на <u>Сенатской площади</u>. Этот же день императором России стал младший брат Александра I, Николай I. Восстание декабристов закончилось неудачей, большинство декабристов отправили в ссылку в Сибирь на всю жизнь. За декабристами в Сибирь **последовали** и их жены, которые бросили спокойную и богатую жизнь в Санкт-Петербурге, чтобы быть со своими мужьями в холодной Сибири. Этот поступок вошел в историю, он показывает сильный характер и красоту души русских женщин. Сами декабристы тоже вошли в историю как герои, которые попытались **изменить жизнь в России к лучшему**.

Исторические термины:

«Па́мятник»—《纪念碑》(亚历山大·谢尔盖耶维奇·普希金创作的最后一首诗)

крепостно́е пра́во—农奴制

Конститу́ция—宪法

«К Чаада́еву», «Во́льность»—《致恰达耶夫》《自由颂》(均为普希金早期作品，在诗中作者表达了俄国贵族革命家追求自由的热切希望、炽热的爱国激情和对神圣自由的必胜信念，同时谴责了专制政体的罪恶)

ссы́лка—服流放刑

Па́вел Пе́стель, Кондра́тий Рыле́ев, Серге́й Муравьёв-Апо́стол, Петр Кахо́вский, Серге́й Трубецко́й, Ники́та Муравьёв—巴维尔·彼斯捷尔、孔德拉季·雷列耶夫、谢尔盖·穆拉维约夫-阿波斯托尔、彼得·卡霍夫斯基、谢尔盖·特鲁别茨科伊、尼基塔·穆拉维约夫(十二月党人领袖,起义失败后,几位十二月党人领袖以特等罪被处以绞刑)

Восста́ние декабри́стов—十二月党人起义(1825年12月<俄历>俄国反沙皇专制制度的起义)

Сена́тская пло́щадь—参政院广场(枢密院广场,位于圣彼得堡,十二月党人于此发动起义)

Запомните слова и выражения (работайте со словарем!):

по-настоящему трудный (по-настоящему какой?; слово «по-настоящему» здесь усиливает значение имени прилагательного) *Погода в этой части Сибири по-настоящему холодная, зимой морозы бывают до 50 градусов. Сегодня для меня не просто радостный день, сегодня для меня по-настоящему великий день – я в первый раз приехал в Россию, в страну, о которой я так долго мечтал. Я никогда раньше не летал на самолётах, и мне было по-настоящему страшно: а вдруг самолёт упадёт?*

стыдно (кому? что делать? за кого?)—*Марине было стыдно, что она получила двойку; она знала, что мама будет недовольна и скажет Марине: «Мне стыдно за тебя! Почему ты такая ленивая?». Студенты обсуждали роман «Евгений Онегин», а Семён молчал: он роман не читал, и ему было стыдно. Мне стыдно признаться, но я до сих пор не умею готовить.*

последовать (несов. вид – следовать, за кем? запомните выражения: следовать правилу, последовать примеру, совету (кого?) *Экскурсовод сказал: «Идите за мной!», и все туристы последовали за ним. Иван заказал на обед лапшу, и Маша последовала его примеру; ей нравился Иван, и она хотела делать всё, как он. В грамматике русского языка много правил, и этим правилам нужно следовать, чтобы не делать ошибок.*

изменить жизнь к лучшему—*Современная техника изменила нашу жизнь к лучшему, сделала ее удобнее. Дмитрий подумал, что до сих пор он жил как-то плохо, неправильно, но у него еще есть шанс изменить свою жизнь к лучшему, стать хорошим человеком. Путин сказал, что каждый из нас должен стараться, чтобы изменить жизнь России к лучшему.*

   Ответьте на вопросы по тексту:

1. Что значат слова "крепостное право"?
2. Из-за чего русского поэта А.С. Пушкина отправили в ссылку?
3. Когда произошло Восстание декабристов?
4. Какой поступок русских женщин показывает силу их характера и красоту души?

ТЕКСТ Б. Эпоха Николая I

Николай I был императором России почти 30 лет - с 1825 по 1855 год. Его эпоха **началась с** восстания декабристов, что очень **разозлило** нового императора. Николай хотел, чтобы никто в России даже и не думал о восстаниях и <u>революциях</u>. Любого человека, который **выступал против** царя, отправляли в тюрьму или в ссылку (так в 1849 году в долгую ссылку отправили великого русского писателя Ф.М. Достоевского, а в 1852 году - И.С. Тургенева). Николай I, **в отличие от** декабристов, ничего не хотел менять в России. Нужно сказать, что в эпоху Николая I жизнь крестьян в России стала немного лучше, в России появилась первая железная дорога (пока еще очень короткая), появлялись первые фабрики и заводы, но все-таки в России оставалось еще много проблем.

Лев Толстой во время Крымской войны

Россия продолжала вести войны на юге. В 1853 году снова началась война России против Турции. Турция была уже не такой сильной империей, как в XVIII веке, поэтому в начале войны Россия добилась больших успехов. Но в 1854 году против России начали воевать Англия и Франция и многие другие европейские страны, которые решили помочь Турции.

Основные события этой войны происходили в Черном море, <u>на полуострове Крым</u>, так появилось название "<u>Крымская война</u>". Русские солдаты 11 месяцев храбро защищали главный город Крыма - <u>Севастополь</u>, настоящими героями той войны стали военачальники <u>Нахимов и Корнилов</u> (оба они были убиты в Севастополе), воевал в Севастополе и будущий великий писатель Лев Толстой. В конце концов, Россия проиграла Крымскую войну. Это поражение показало, что Россия все еще отставала от передовых европейских стран, Англии и Франции.

Исторические термины и географические названия:

революция—革命（指十月革命）

полуо́стров Крым—克里米亚半岛（历史上，克里米亚曾先后被不同的民族占领，1783年被俄罗斯帝国吞并。1918年，克里米亚归属俄罗斯）

Кры́мская война́—克里米亚战争（1853—1856）

Севасто́поль—塞瓦斯托波尔（克里米亚半岛著名港口城市，黑海门户，俄罗斯海军基地，黑海舰队司令部所在地）

П.С. Нахи́мов и В.А. Корни́лов—帕维尔·斯捷潘诺维奇·纳希莫夫（1802—1855，与弗拉基米尔·阿列克谢耶维奇·科尔尼洛在克里米亚战争中分别担任黑海舰队海军上将和海军中将）

Запомните слова и выражения (работайте со словарем!):

нача́ться (несов. вид «начина́ться», с чего? = чем?)—*Этот роман начинается с того, что молодой герой в первый раз приезжает в Санкт-Петербург. Лекция, как* всегда, началась тем, что преподаватель спросил, кого нет на занятии. Свадьба началась с весёлых песен, а закончилась, как это часто бывает в России, дракой (打架).

разозлить (кого? чем? в значении «сильно рассердить») *Иван разозлил учителя тем, что пять раз повторил: «Я делал домашнее задание, но я забыл его дома». Муж разозлил жену тем, что опять не помыл посуду. Вася в третий раз не смог сдать экзамен по вождению автомобиля, и это разозлило его: «Даже не могу научиться машину водить! Что я вообще могу делать в этой жизни?».*

выступать против (кого? чего?; антоним – выступать за кого? что?) *Я выступаю против любых экзаменов в университете; студенты должны думать о знаниях, а не об экзаменах. Около озера хотели построить большой завод, но местные жители выступили против этого. В своей книге «Путешествие из Петербурга в Москву» писатель Александр Радищев выступил против Екатерины II.*

в отличие от (кого? чего?)—*В отличие от русских китайцы не едят хлеб каждый день. В отличие от английского языка русский язык нельзя выучить за один-два года. В отличие от собаки кошка привыкает не к человеку, а к дому, в котором она живёт.*

 Ответьте на вопросы по тексту:

1. Сколько лет Николай I был императором России?
2. Что случилось в 1854 году?
3. Где происходили основные события Крымской войны?
4. Почему Россия проиграла Крымскую войну?

ТЕКСТ В. Отмена крепостного права

Запомните: Александр II - это не сын Александра I, это сын Николая I, поэтому его звали Александр Николаевич Романов. А вот следующий император России - Александр III - был сыном Александра II, поэтому его звали Александр Александрович Романов.

Николай I умер в 1855 году, императором стал его сын, Александр II. Александр II понимал, что в России нужны реформы - люди уже не могли и не хотели **терпеть** крепостное право. Правда, Александр II не торопился: он понимал, что если просто так сделать всех крестьян свободными, то дворяне будут недовольны. В 1861 году в России все-таки отменили крепостное право. Александр II был очень горд, его теперь называли "Александр Второй Освободитель", потому что он "подарил крестьянам свободу". Но царь **не обидел** дворян: крестьяне получили свободу, а вся земля осталась у дворян и у царя. Поэтому крестьяне, как и раньше, должны были работать на земле своего хозяина и платить ему за это.

Русский народ, который так долго ждал отмены крепостного права (вспомните декабристов), был недоволен реформой 1861 года. Жизнь в России изменилась мало. И все-таки отмена крепостного права была большим **достижением**, которое помогло стране успешно развиваться в будущем. Ведь теперь крестьяне могли свободно уходить из деревни в город, чтобы работать на фабриках и заводах.

Отмена крепостного права не решила всех проблем в России; многие молодые люди были уверены, что главная проблема - это царь. В России все больше думали о революции. Большинство революционеров было уверено, что революция начнется быстрее, если убить царя. В 1866 году революционер Каракозов попытался убить Александра II в Санкт-Петербурге. Когда революционера поймали, Александр II спросил его: "Почему ты хотел убить меня?" "Потому что ты обманул народ, обещал дать ему землю, но не дал" - ответил Каракозов. Александра II пытались убить 5 раз и, наконец, убили в 1881 году в Санкт-Петербурге. На месте убийства Александра II построен один из красивейших храмов России - Храм Спаса-на-Крови.

Храм Спаса-на-Крови

 Исторические термины:

Алексáндр II—亚历山大二世（1818—1881，俄国皇帝）

революционéр—革命者

Каракóзов—卡拉科佐夫（1840—1866，俄国革命者）

Храм Спáса-на-Кровú—喋血救世主教堂（复活教堂、滴血教堂，位于圣彼得堡，为纪念亚历山大二世沙皇被革命激进分子杀害而建，教堂建造在亚历山大二世沙皇被害地点）

 Запомните слова и выражения (работайте со словарем!):

терпеть (что? в значении «переносить» 忍耐; в значении «не быть против» 容忍; выражение «не могу терпеть» имеет значение «ненавижу») *В старые времена в Китае бедные люди терпели голод и холод, а у богатых было так много еды, что они не могли всё съесть. Арина - девушка, но у нее очень сильный характер, она может терпеть сильную боль и при этом никогда не будет плакать или кричать. Как вы можете терпеть такой беспорядок в вашей комнате? Я терпеть не могу, когда меня обманывают.*

не обидеть (кого? в тексте использовано в значении «не оставить без награды»; также в выражении «природа (бог) не обидел(а) кого? чем? в значении «иметь какие-то таланты или хорошие качества») *В конце года начальник сказал, что мы хорошо поработали; он никого не обидел: все получили хорошие подарки. Природа не обидела Юрия ростом, он на голову выше всех своих товарищей.*

достижение (кого? в чём?) *Мой двоюродный брат поступил в университет Цинхуа, вся наша семья гордится этим достижением. Прекрасные достижения китайских спортсменов - это достижения всей страны, это достижения Китая, который быстро развивается во всех областях. Он пока еще молодой учёный, но у него уже немало больших достижений в науке. Мы должны стремиться к новым, еще более великим достижениям.*

 Ответьте на вопросы по тексту:

1. Почему Александр II не торопился отменять крепостное право?
2. Почему крестьяне были недовольны реформами Александра II?
3. Как отмена крепостного права помогла развитию России?
4. Почему в названии красивейшего храма Санкт-Петербурга есть слова «на крови»?

После урока

Языковые упражнения

1. Постройте предложения по образцу, используйте слово "достижение".

Образец: *Лев Толстой, роман "Война и мир". "Война и мир" - главное достижение Льва Толстого.*

Ба Цзинь, роман "Семья", Александр Пушкин, роман "Евгений Онегин"; Цао Сюэцинь, роман "Сон в красном тереме"; Сергей Эйзенштейн, фильм "Броненосец Потёмкин"; Иван Айвазовский, картина "Девятый вал"; Ло Гуанчжунь, роман "Троецарствие"; Петр Чайковский, балет "Лебединое озеро"; Иван Крамской, картина "Неизвестная"; Михаил Глинка, опера "Руслан и Людмила"; Владимир Меньшов, фильм "Москва слезам не верит".

2. Соедините два предложения в одно, используйте предлог «в отличие от…»

Образец: *В России говорят по-русски. В Китае не говорят по-русски. - В отличие от России в Китае не говорят по-русски.*

1) В китайской кухне часто используется соевый соус. А в русской кухне он не используется.

2) В китайском языке используются иероглифы. А в русском - не используются.

XIX век: Россия - великая и несчастная **ТЕМА 6**

3) В Китае в семье редко бывает больше одного ребенка. А в России в семье может быть много детей.

4) В Китае большинство людей живёт на востоке страны. А в России - на западе.

5) В Китае едят палочками. А в России палочками не пользуются.

3. Переведите эти предложения на русский язык. Используйте выражения «последовать за кем?», «последовать примеру», «последовать совету».

1) 我在森林里遇到的那个老人与我告别之后继续前行，他的狗紧随其后。

2) 医生建议我不用服用任何药物，只需多散步。我听从医生的建议，现在我感觉好多了。

3) 听我的话，一定要去基辅！那是座非常美丽的城市，一定要去看看。

4) 你也写诗吗？难道你要以普希金为榜样？

5) 不久前我朋友喜欢上滑雪了，随后我也开始效仿他，现在我们经常一起滑雪。

Упражнения на усвоение фактического материала

1. Заполните таблицу. Кто эти люди?

Имя	Кто это?
Александр Пушкин	Поэт
Николай Павлович Романов	
Павел Пестель	
Кондратий Рылеев	
Лев Толстой	
Федор Достоевский	
Павел Нахимов	
Александр Николаевич Романов	
Дмитрий Каракозов	
Александр Александрович Романов	

2. Прочитайте эти тексты. О каких исторических событиях они рассказывают?

а) 1861年3月，沙皇终于下诏进行改革。改革的核心有两点：一是宣布废除农奴制，农奴全部获得人身自由，包括迁徙、婚姻、改变职业、拥有财产、订立契约等；二是规定全部土地为地主所有，农民按照规定赎买一小块土地。

б) 1853年俄土海战也是战争史上最后一次帆船战舰的大型海战。1854年，英法联军开始干涉俄土战争，派出军队支援土耳其。

в) 12月26日（俄历14日），起义军官率领3000多名士兵到达彼得堡参政院广场，但特鲁别茨科伊临阵脱逃。尼古拉一世立即调动军队，用大炮轰击广场，血腥镇压起义，并杀害了不少聚集在广场周围的群众。

93

3. В XIX веке, как вы знаете, императорами были Александр I (1801-1825), Николай I (1825-1855) и Александр II (1855-1881). В это же время были написаны прекрасные произведения русской литературы. В эпоху какого императора каждое из них было написано?

Образец: *А.С. Пушкин написал роман «Евгений Онегин» в 1830 году, в эпоху Николая I.*

Л.Н. Толстой, повесть «Детство» (1852), романы «Война и мир» (1869), «Анна Каренина» (1877)

А.С. Пушкин, стихотворение «К Чаадаеву» (1818), поэма «Руслан и Людмила» (1820), повесть «Капитанская дочка» (1836).

М.Ю. Лермонтов, стихотворение «Бородино» (1837)

И.С. Тургенев, повесть «Муму» (1852), роман «Отцы и дети» (1862)

Ф.М. Достоевский, роман «Бедные люди» (1846), роман «Братья Карамазовы» (1880)

Завершая тему (речевые и творческие задания)

1. Посмотрите на эти картины известных русских художников. Все они были написаны в эпоху Александра II и рассказывают о жизни в России в то время. Что вы узнали о жизни в России из этих картин?

2. Прочитайте это стихотворение А.С. Пушкина. Как вы думаете, для кого написал поэт это стихотворение? Почему автор в начале использует слово "Сибирь", а в конце использует слово "свобода"?

在深邃黝黑的西伯利亚矿坑，
你们要保持耐心自豪和聪明。
你们那命运一样沉重的劳动，
在崇高思想中翱翔万里长空。

脚上沉重的镣铐一定会砸碎，
牢房的栅栏一定会抛向空中。
自由将在大门口把你们欢迎，
兄弟们会把剑递到你们手中。

3. Говорят, что перед началом Отечественной войны 1812 года многие умные люди во Франции пытались уговорить Наполеона не начинать войну против России. Они говорили о том, что Наполеон не сможет выиграть эту войну. Представьте, что у вас такая же задача - убедить Наполеона в том, что войну начинать не надо. Чтобы убедить французского императора, который был известен своим упрямым характером, постарайтесь найти как можно больше причин не приходить в Россию.

4. В 1870-е годы, в эпоху Александра II, великий русский поэт Николай Алексеевич Некрасов написал поэму «Кому на Руси жить хорошо» - о трудной жизни простого народа в XIX веке. «Жить хорошо» - это значит жить счастливой жизнью, иметь всё, что нужно для счастливой жизни. Можете ли вы сказать, что вы живете хорошо? Всё ли у вас есть, что нужно для счастливой жизни? Можете ли вы сказать, что какие-то проблемы не дают вам жить хорошо?

5. Перед вами – два кадра из знаменитых фильмов о жизни в эпоху Александра II. Обратите внимание на то, что эти люди не похожи на современных жителей России. Как вы думаете, кто эти люди, о чём они говорят? Попробуйте сделать диалог между мужчиной и женщиной в России XIX века. (Слева – фильм А. Зархи «Анна Каренина», 1967; справа – фильм Э. Рязанова «Жестокий романс», 1984).

Начинается новый день

Русскую историю XX века обычно называют "новейшая история", потому что эти события еще очень новые, произошли совсем недавно. Мы знаем историю XX века лучше, чем историю XVIII века и гораздо лучше, чем историю XIII века (древнюю историю). Поэтому информации о новейшей истории обычно гораздо больше.

XX век - это самый неспокойный век в истории человечества. Уже в начале этого века было несколько больших войн, началась Первая мировая война, случилось несколько революций. И для России, и для Китая XX век был очень трудным. В Китае в 1911 году произошла революция Синьхай, в России только за первые 17 лет XX века произошло три революции. И Китай, и Россия в начале XX века перестали быть империями, закончилась многовековая власть императоров Цин в Китае, и императоров Романовых в России. Как видите, в истории наших двух стран в начале XX века было много общего, для обеих стран началась новая эпоха, начался новый день.

УРОК 1. Россия на рубеже веков

ТЕКСТ А. Начало эпохи Николая II

Памятник Александру III

С 1881 по 1894 годы императором России был Александр III. Его эпоха была довольно **стабильной**: Россия не вела больших войн, неплохо развивалась экономика страны. В 1895 году в Санкт-Петербурге открыли памятник Александру III - огромный толстый царь крепко сидит верхом на огромном коне. Этот памятник как будто показывает, какой крепкой и сильной должна быть Россия. В 1895 году, когда новым императором России стал Николай II (Николай Александрович Романов), никто не мог поверить, что он будет последним русским императором.

Люди ждали от молодого императора новых реформ, особенно реформы в политике - в России все еще не было Конституции, император имел полную власть. Но Николай II обещал "делать все для сохранения

> Однажды на вопрос "Кто вы?" Николай Второй ответил "Хозяин земли Русской". Такие слова, конечно, не могли понравиться русскому народу

полной власти царя, как делал мой отец". В Петербурге, Москве и других городах появляется все больше революционеров. В России продолжаются политические убийства. Один из помощников Николая II посоветовал: "Чтобы в России не было революции, нам нужна маленькая победоносная война» (то есть, война, в которой Россия обязательно победит).

Николай II

На рубеже XIX и XX веков европейские страны - Англия, Германия и другие - старались захватить новые территории в Китае; они знали - императоры Цин слишком слабые и не могут защитить свою страну. Николай II решил, что ему не будет стыдно тоже поучаствовать в захвате китайской земли: так Российская империя захватила Ляодунский полуостров и важные порты Порт-Артур (сейчас Люйшунь) и Дальний (сейчас Далянь). Но Ляодунский полуостров хотела получить и Япония. Стало понятно, что между Россией и Японией обязательно начнется война на китайской земле. Николай II решил, что это и есть отличная возможность для маленькой войны, которая, в конце концов, закончилась для России огромной **бедой**.

Исторические термины и географические названия:

Алекса́ндр III—亚历山大·亚历山德罗维奇（1845—1894，1881—1894年在位，俄罗斯帝国皇帝，亚历山大二世次子）

эконо́мика—经济

Никола́й II (Никола́й Алекса́ндрович Рома́нов)—尼古拉二世（尼古拉·亚历山德罗维奇·罗曼诺夫，1868年—1918，1894—1917年在位，俄罗斯帝国末代沙皇，俄罗斯罗曼诺夫王朝最后一位沙皇）

полити́ческие уби́йства—政治杀害

импера́торы Цин—清王朝的皇帝

Ляду́нский полуо́стров—辽东半岛（辽宁省南部）

порт-Арту́р (сейчас Люйшу́нь) и Да́льний (сейчас Даля́нь)—阿尔杜尔港（今旅顺）和达里尼（今大连）

Запомните слова и выражения (работайте со словарем!):

стабильно (прилагательное – стабильный, сущ. – стабильность) *Китай в последние годы стабильно развивается. Андрей – не отличник, но учится он стабильно, всегда получает неплохие оценки. В моём родном городе круглый год стабильно тёплая погода, холодных дней не бывает вообще.*

ждать (от кого? чего?; синоним – ожидать от кого? чего?) *Когда я учился в школе, родители всё время ждали от меня отличных оценок, потому что они считали меня очень умным. От этого молодого спортсмена вся страна ждёт огромных успехов. Я не жду ничего хорошего от книги, которая называется «Как стать богатым».*

на рубеже (чего? а также чего? и чего? обычно об эпохах или веках) *Александр Сергеевич Пушкин родился в 1799 году, на рубеже XVIII и XIX веков. На рубеже двух эпох жизнь редко бывает стабильной, обычно есть какие-то изменения. Понятие «гохуа» появилось в китайском искусстве на рубеже XIX и XX веков.*

беда (может использоваться в сочетаниях «беда пришла», а также в выражении «не беда» в значении «не проблема») *Если тебе трудно учить русский язык – это не беда, а вот если тебе не нравится русский язык – это большая беда. В 2008 году в провинцию Сычуань пришла большая беда – там произошло землетрясение. В русском языке есть пословица «Беда не приходит одна», которая значит, что мы в жизни часто встречаем много проблем одновременно.*

Ответьте на вопросы по тексту:

1. Кто был последним императором России?
2. Чего люди ждали от молодого императора?
3. Какие территории Китая захватила Россия в конце XIX века?
4. Почему началась война между Россией и Японией на китайской земле?

ТЕКСТ Б. Русско-японская война и "Кровавое воскресенье"

Русский плакат 1904 года

Русско-японская война 1904-1905 годов – одна из самых тяжелых, самых **чёрных** страниц русской истории. Русские солдаты, которых везли через всю Россию в Сибирь, а потом и на Дальний Восток, совсем не могли понять: зачем нужно воевать против японцев? В 1904 году японцы захватили Порт-Артур, потом победили русскую армию под Шэньяном, а в 1905 году японский флот победил русский флот около острова Цусима. Надежды Николая II на маленькую успешную войну не **оправдались**: Россия ничего не получила, потеряла огромные деньги, потеряла свои земли - остров Сахалин и Курильские острова. Но главная беда была в том, что на войне погибли десятки тысяч русских солдат. Это было не просто поражение, это был **разгром**. В.И. Ленин писал, что русско-японская война - это **преступная** война, в которую Николай II бросил русский народ.

В 1905 году в России случилась страшная трагедия. Многие люди в России верили, что царь Николай II - очень хороший человек, но он не знает, как плохо живут простые люди. Рабочие Петербурга, которые жили очень бедно и работали очень

> Русский поэт Константин Бальмонт, который даже не был революционером, писал о Николае II такие стихи "Ты должен быть убит, ты стал для всех бедой". После 9 января 1905 года Николая II люди стали называть "Николай Кровавый".

много, решили собраться вместе, прийти в Зимний дворец (это императорская резиденция, то есть место, где в Санкт-Петербурге жил император), и рассказать Николаю II о своих проблемах. 9 января 1905 года, в воскресенье, рабочие надели свою лучшую одежду, взяли большие портреты Николая II, и пошли по улицам Санкт-Петербурга (всего их было около 140 тысяч человек). Но до Зимнего дворца они не дошли, их встретили солдаты, которые начали стрелять в рабочих. Погибли сотни людей, но главное - простой народ,

> Великий русский писатель Максим Горький был участником первой русской революции - он на свои деньги покупал для рабочих-революционеров оружие. В 1905 году после событий 9 января великого писателя посадили в тюрьму.

особенно рабочие, совсем перестал уважать своего императора. Скоро началась Первая русская революция 1905-1907 годов, а день 9 января 1905 года вошёл в историю под названием "Кровавое воскресенье".

Исторические термины и географические названия:

Ру́сско-япо́нская война́ 1904-1905 годо́в—日俄战争（1904—1905，日本帝国与俄罗斯帝国为了侵占中国东北和朝鲜半岛，在中国东北的土地上进行的一场战争，以沙皇俄国的失败而告终）

Шэнья́н—沈阳

о́стров Цуси́ма—对马岛（在日本、韩国之间的日本海峡内，日俄战争中最大规模的对马海战在此展开）

Сахали́н и Кури́льские острова́—库页岛（即萨哈林岛）和千岛群岛

Зи́мний дворе́ц—冬宫（建于1721年，俄国沙皇的皇宫）

«Крова́вое воскресе́нье»—"流血星期日"（又称"一月大屠杀"，发生于1905年1月9日，用来指称俄罗斯圣彼得堡沙皇军警野蛮枪杀前往冬宫向沙皇呈递请愿书的工人的事件，这起事件导致1000多人死亡，几千人受伤）

история России

 Запомните слова и выражения (работайте со словарем!):

чёрный (о времени, а также в выражении «чёрная полоса в жизни») *13 декабря 1937 года, этот день навсегда останется в истории нашей страны самым чёрным днём. Когда жизнь становится очень трудной, русские говорят «настали чёрные времена». У меня в жизни началась чёрная полоса – одна беда приходит за другой, сначала компьютер сломался, потом потерял телефон, а вчера любимая девушка меня бросила.*

оправдаться (о планах, ожиданиях, опасениях, надеждах и мечтах) *Я мечтаю стать переводчиком и сделаю всё, чтобы мои планы оправдались. Ожидания японцев получить острова Дяоюйдао не оправдаются никогда. У Пушкина была мечта поехать в Китай, но, к сожалению, она не оправдалась. Я боялся, что пойдет дождь, и, к сожалению, мои опасения оправдались – пошёл сильный дождь.*

разгром (кого? чего?; а также в значении «большой беспорядок») *Любых врагов, которые захотят захватить нашу землю, ждёт полный разгром. Цао Цао мечтал, как Цинь Шихуан, стать правителем всего Китая, но из-за разгрома его армии в Битве у Красной скалы его ожидания не оправдались. Дети сказали, что они немножко поиграли, но после их игры в квартире был такой разгром, что нужно было целый день убираться.*

преступный (о делах, словах и мыслях, запомните существительные «преступление» и «преступник») *Преступник – это человек, который не уважает законы и делает разные преступные дела. За преступные дела могут посадить в тюрьму, а за преступные мысли – не могут. Знаменитый роман Ф.М. Достоевского называется «Преступление и наказание».*

 Ответьте на вопросы по тексту:

1. Почему русско-японская война считается одной из самых тяжёлых, самых позорных страниц русской истории?
2. Как относились русские люди к Николаю Второму до 1905 года?
3. Почему рабочие Петербурга решили собраться вместе и пойти в Зимний Дворец?
4. Почему воскресенье 9 января 1905 года назвали «Кровавым»?

ТЕКСТ В. Первая русская революция и реформы Петра Столыпина

Российская империя в 1897 году была огромной по территории, в ней жило более 140 млн. человек, правда, только 21% из них умели читать и писать. В Петербурге, Москве и других русских городах появлялось все больше революционеров. Революционеры объединяются в группы, появляются первые политические партии. В конце XIX века большинство революционеров изучает **идеи** Карла Маркса, в России становится все больше и больше марксистов. В 1898 году была создана РСДРП (Российская социал-демократическая рабочая партия), члены которой мечтали о социалистической революции в России. В 1903 году, партия РСДРП разделилась на две части: бо́льшая часть ее членов называла себя "большевиками", меньшая часть - "меньшевиками". **Лидером** большевиков был Владимир Ильич Ленин - один из самых великих людей за всю историю России. Ленин и большевики были марксистами и считали, что в России обязательно начнется

1905 год

революция. Главными героями этой революции будут рабочие. Но в 1905 году большевиков было еще очень мало, а у рабочих еще не было опыта революции.

В 1905 году по всей России начинаются забастовки: рабочие не приходили на работу. В некоторых городах (например, в Москве) рабочие брали в руки оружие. Николай II испугался и согласился провести кое-какие реформы, но народ остался недоволен; кроме того, простые люди после войны и "Кровавого воскресенья" в Николае II сильно **разочаровались**. Первая русская революция продолжалась до 1907 года. Она закончилась неудачей, революционерам не удалось взять власть в стране, но всем стало понятно: в России появилась большая сила – рабочий класс.

Одним из самых известных людей того времени был Петр Столыпин - российский премьер-министр, который очень много сделал для того, чтобы прекратить революцию и защитить власть императора. Столыпин считал своей главной задачей борьбу с революционерами, которых, как он думал, не нужно жалеть, а нужно как можно быстрее **вешать**. Столыпин очень большое внимание обращал на Сибирь и Дальний Восток России. Из

> Петр Столыпин, с одной стороны, очень любил Россию и надеялся, что Россия сможет стать великой страной. Но он очень боялся революций и считал, что самое главное - это не повторить революцию 1905-1907 годов в России. Столыпин говорил: "Им (т.е. революционерам) нужны великие потрясения (т.е. революция), нам нужна великая Россия".

центральной России в Сибирь за короткое время переехало 3 миллиона человек!

Главным вопросом в истории России всегда был вопрос жизни крестьян. Столыпин мечтал провести большую реформу, чтобы сделать жизнь крестьян более свободной, дать им больше земли. Но сам Столыпин понимал, что сделать это быстро нельзя; он часто говорил, что на эту реформу нужно 20 "спокойных лет". Народ не любил Столыпина; в 1911 году в Киеве его убили террористы. Последними словами Столыпина были слова: "Я счастлив умереть за царя".

Исторические термины:

Карл Маркс—卡尔·马克思（1818—1883，德国思想家）

маркси́ст—马克思主义者

РСДРП (Росси́йская социа́л-демократи́ческая рабо́чая па́ртия—俄国社会民主工党，1898—1912）

социалисти́ческая револю́ция—社会主义革命

большеви́к—布尔什维克

меньшеви́к—孟什维克（布尔什维克和孟什维克是俄国社会主义工党的两个分支）

Влади́мир Ильи́ч Ле́нин—弗拉基米尔·伊里奇·列宁（1870—1924，原名弗拉基米尔·伊里奇·乌里扬诺夫，列宁是他的笔名。他是苏维埃俄国和苏联的主要缔造者、布尔什维克党的创始人、俄国十月革命的主要领导人）

забасто́вка—罢工

рабо́чий класс (пролетариа́т)—工人阶级（无产阶级）

П.А. Столы́пин—彼得·阿尔卡季耶维奇·斯托雷平（1862—1911，俄国政治家、改革家）

премье́р-мини́стр—（国务）总理

террори́сты—恐怖分子，恐怖主义者

 Запомните слова и выражения (работайте со словарем!):

идея (в значении «теория» - кого? или чего?; в значении «план» что сделать? запомните выражение «пришла идея» = «появилась идея»; «Идея!» может быть целым предложением в значении «У меня появилась идея») *На занятиях в университете мы изучали идеи Мао Цзэдуна и Дэн Сяопина. Мне пришла идея провести вечер китайской поэзии в переводах на русский язык; мою идею поддержали студенты нашего факультета. Давайте пойдём в театр! - Какая прекрасная идея! Сто лет не были в театре. Что же нам делать с этими яблоками? Идея! Давайте приготовим из них яблочный сок.*

лидер (кого? чего?; также в значении 领头 без дополнительных слов) *В Пекине встретились лидеры России и Китая, встреча прошла в обстановке дружбы и понимания. Староста в нашей группе - Виктор, но Виктора никто не слушает, а настоящий лидер - это Антон, которого все очень уважают. У Сергея сильный характер, он умеет убеждать других людей, он по характеру настоящий лидер.*

разочароваться (в ком? в чём?) *Раньше я очень любил компьютерные игры, а сейчас разочаровался в них; они больше не приносят мне радость, как раньше. Ван Ся разочаровалась в Пекине: раньше ей казалось, что это самый прекрасный город в мире,* *а оказалось, что жить там трудно. Мой друг обещал мне помочь, но ничего не сделал, я очень разочаровался в нём, не буду с ним дружить.*

вешать (сов. вид – повесить; о человеке (кого?) 绞杀; в других ситуациях - что? на что?) *Этот портрет Пушкина мы повесим на стене в нашей аудитории, ведь мы изучаем русский язык. Перед Новым годом в России на новогоднюю ёлку вешают разные красивые вещи. Я постирал одежду и повесил ее на балкон, подул сильный ветер, одежда улетела, что мне теперь делать?*

Ответьте на вопросы по тексту:

1. Когда в России начинает появляться все больше и больше марксистов?
2. Какая партия была создана в 1898 году? О чём мечтали члены этой партии?
3. Как разделилась РСДРП в 1903 году?
4. Когда и чем закончилась первая русская революция?
5. Что вы можете сказать о реформах Петра Столыпина?

После урока

Языковые упражнения

1. Поставьте слова в скобках в нужной форме. Если нужно, добавьте предлоги.

1) Я не знал (что) ждать (знакомство с Китаем).

2) Этот студент никогда не показывал прекрасных результатов. Думаю, не стоит ждать (он) (большие успехи).

3) (Эта поездка) я жду только (хорошее). Уверен, что она пройдет прекрасно.

4) Я разочаровался (этот режиссёр), его последний фильм мне совершенно не понравился.

5) Я решил купить автомобиль китайской марки и не разочаровался (своё решение). Автомобиль оказался неплохим.

6) В последние годы я разочаровался (футбол), теперь мой любимый вид спорта – это баскетбол.

2. Перефразируйте эти предложения, используйте глагол «не оправдаться».

1) Евгений всю жизнь мечтал стать врачом, но не стал.

2) Марк собирался провести отпуск за границей, но не смог, потому что не хватило денег.

3) Я боялся, что у меня очень серьезная болезнь, а оказалось – не очень.

4) Мы надеялись, что успеем закончить работу за два дня, но не успели.

5) Эта футбольная команда мечтала выиграть соревнования, но заняла второе место.

3. Расскажите об этих лидерах Китая. Используйте слово «лидер» по образцу.

Образец: *Д.А. Медведев, 2008-2012 – Дмитрий Медведев был российским лидером с 2008 по 2012 год.*

Мао Цзэдун (1949-1976), Хуа Гофэн (1976-1981), Дэн Сяопин (1981-1989), Цзян Цзэминь (1989-2002), Ху Цзиньтао (2002-2012), Си Цзиньпин (2012 – по настоящее время)

4. Переведите эти предложения со словом «идея».
1) 孔子的思想并没有过时，他的很多思想我们现在依然在学习。
2) 我产生了一个把自己的大学生活写成短篇小说的想法。
3) 我们去吃韩餐吧！你觉得这个主意怎么样？
4) 苹果落在了英国科学家牛顿的头上，他立刻产生了非同凡响的想法。

Упражнения на усвоение фактического материала

1. Закончите предложения, вставьте пропущенное географическое название или названия.
1) Памятнику Александру III – толстый царь на толстом коне – стоит в _____.
2) Япония, как и Россия, хотела захватить _____.
3) Японцы победили русскую армию под _____ и русский флот у острова _____.
4) После Русско-японской войны Россия потеряла _____ и _____ острова.
5) «Кровавое воскресенье» произошло в _____.
6) Пётр Столыпин хотел отправить больше людей в _____ и на _____.
7) В 1911 году Столыпина убили террористы, это произошло в _____.

2. Расположите эти исторические события в историческом порядке.

Революция 1905 года, японцы взяли Порт-Артур, Николай II становится императором, убийство Столыпина, «Кровавое воскресенье», реформы Столыпина, появляется первая партия рабочих - РСДРП, начинается Русско-японская война, РСДРП разделилась на большевиков и меньшевиков.

3. Кому принадлежат эти исторические слова? Заполните таблицу:

Исторические слова	Кто сказал
«Я буду делать всё для сохранения полной власти царя, как и мой отец»	
«Я – хозяин земли Русской»	
«Русско-японская война – это преступная война, в которую Николай II бросил русский народ»	
«Для крестьянской реформы России нужно 20 спокойных лет»	
«Я счастлив умереть за царя»	

УРОК 2. Наступает 1917 год

ТЕКСТ А. Россия в Первой мировой войне

В 1913 году в России отмечали 300 лет династии Романовых. В Санкт-Петербурге и Москве **устроили большие праздники**. Тогда в газетах писали, что 1913 год - это лучший год за всю историю России! По всей стране дворяне писали Николаю II **трогательные** письма, в которых они благодарили его за то, что Россия стала великой страной именно **благодаря** великому императору. На первый взгляд, все было очень хорошо. Но вскоре наступил 1914 год, началась Первая мировая война, которая закончилась для России огромной трагедией.

1 августа 1914 года Германия объявила войну России. Начало войны в России встретили **с оптимизмом**: люди были уверены, что Россия сможет защитить себя. Началась война для России с успехов, однако уже в 1915 году дела пошли совсем плохо: враги наступали, а русская армия опять теряла сотни тысяч людей. В это время многие вспомнили недавнюю русско-японскую войну.

> В августе 1914 года Санкт-Петербург переименовали в Петроград. Санкт-Петербург - это немецкое слово (Петр Первый, как мы помним, любил все немецкое). Но Россия вела войну с Германией, поэтому название столицы, конечно, не могло оставаться немецким.

> Николай Николаевич Романов совершил несколько очень серьезных ошибок, из-за которых погибли многие тысячи русских солдат. Но император не хотел наказывать своего родственника, а даже жалел его: "Бедный Николаша! Он так плакал, так переживал!".

Сначала русской армией очень неудачно руководил родственник Николая II Николай Николаевич Романов. В 1915 году Николай II решил сам стать главным начальником русской армии. Война **затянулась**, все понимали, что быстро она не кончится. Война требовала отправлять всех мужчин в армию, что привело к большим проблемам в экономике. К 1916 году Россия потеряла на этой войне более 2 млн. человек, но Николай II считал, что необходимо обязательно победить.

Пока Николай II руководил армией, он редко бывал в Петрограде. В это время его жена, Александра Фёдоровна, и ее фаворит Григорий Распутин получили огромную власть в стране. Сибирский крестьянин

Григорий Распутин

Распутин, который плохо умел читать и писать, вошел в историю России как последний фаворит. Николай II был человеком со слабым характером; именно поэтому в конце 1916 года многие надеялись, что он скоро сам откажется от власти в России.

В 1917 году успехов на войне не было. Жители Петрограда вышли на улицы с лозунгами "Хлеба!". В феврале 1917 года все рабочие Петрограда начали забастовку. Так начиналась вторая русская революция, которую мы называем "Февральская революция".

 Исторические термины:

Пе́рвая мирова́я война́—第一次世界大战（1914—1918）

Никола́й Никола́евич Рома́нов—尼古拉·尼古拉耶维奇·罗曼诺夫（俄罗斯帝国大公，沙皇尼古拉二世亲戚，第一次世界大战期间曾任俄军总司令）

Алекса́ндра Фёдоровна Рома́нова—亚历山德拉·费奥多萝芙娜·罗曼诺娃（俄国沙皇尼古拉二世的皇后）

Григо́рий Распу́тин—拉斯普京（1872—1916，沙皇尼古拉二世及其妻子的亲信）

Петрогра́д—彼得格勒（圣彼得堡的旧称，1914—1924）

ло́зунг—口号

Февра́льская револю́ция—二月革命（1917年2月）

 Запомните слова и выражения (работайте со словарем!):

устро́ить праздник (кому? по поводу чего? или в честь чего?) *К нам приехали гости издалека, и мы были очень рады, сразу устроили праздник, пошли в ресторан. Давайте устроим праздник по поводу Дня русского языка, будем петь песни и читать стихи на русском языке. Родители решили устроить детям праздник и купили им торт и фрукты.*

трогательный—*Фильм Э. Рязанова «Жестокий романс» - очень трогательный фильм, я три раза его смотрела и каждый раз плакала. В конце письма он написал очень трогательные слова: «Даже через десять тысяч лет я буду помнить тебя и любить тебя».*

благодаря (кому? чему? только с положительным значениям) *Благодаря знанию русского языка я могу разговаривать с друзьями из России. Благодаря помощи Лины и Вали я закончила перевод статьи всего за два дня. Благодаря чистой воде и прекрасному климату в этом озере очень много рыбы.*

с оптимизмом (о будущем; относиться к (чему?) с оптимизмом, ждать чего? с оптимизмом, смотреть (куда?) с оптимизмом) *Молодые люди обычно не замечают* проблем и смотрят в будущее с оптимизмом. *Я поступил в университет; я пока еще не знаю, какой будет моя университетская жизнь, но я смотрю на нее с оптимизмом. Ирина ждала результатов экзамена с оптимизмом: она была уверена, что сдала экзамен отлично.*

затянуться—*Я не видел своего старого друга пять лет, мы говорили и говорили, наш разговор затянулся до вечера. Я уезжаю в командировку на день, но если появятся еще дела, и командировка затянется, я тебе обязательно сообщу. Профессор Иванов долго спорил с профессором Петровым, из-за этого конференция затянулась, все очень устали, хотели пойти домой, а профессора всё спорили.*

Ответьте на вопросы по тексту:

1. Когда началась Первая мировая война?
2. Из-за чего погибли многие тысячи русских солдат?
3. Что вы знаете о Григории Распутине?
4. Почему многие надеялись, что Николай II сам откажется от власти в России?
5. Когда началась вторая русская революция? Как она называется?

ТЕКСТ Б. Февральская революция

Николай II не сразу понял, что в Петрограде началась новая революция. 25 февраля он написал в столицу письмо и потребовал **навести порядок**. Позже царь узнал, что солдаты в Петрограде поддерживают революцию и рабочих. Солдаты отказались стрелять в народ, как 9 января 1905 года. Николай II понимает, что он остался один - даже генералы и дворяне советуют ему отказаться от власти, что он и сделал 2 марта. 9 марта 1917 года **бывший** император Николай II вернулся к своей семье уже как обычный человек - Николай Романов. Власть в

Солдаты встречают Февральскую революцию

Петрограде получили <u>Временное правительство</u> (в него входили представители дворян и богатых людей) и <u>Петроградский совет (Петросовет)</u> - **организация** представителей рабочих и солдат. В сентябре 1917 года большинство членов Петросовета были большевиками, а руководителем Петросовета стал **соратник** Ленина, большевик Троцкий.

Другие страны, особенно Англия и Франция, которые продолжали Первую мировую войну, поддерживали Временное правительство. И Временное

Александр Керенский

правительство, несмотря на то, что народ был против войны, решило продолжать войну до победы. В сентябре 1917 года Временное правительство объявило о создании нового государства - <u>Российской республики</u>. Временное правительство находилось в Зимнем дворце в Петрограде, где раньше жил и работал император. Многие рабочие и солдаты не видели большой разницы между новым Временным правительством и бывшим императором. Большинство рабочих и солдат даже не хотели подчиняться Временному правительству, а настоящим правительством считали Петроградский совет. Руководителем Временного правительства был **адвокат** <u>Александр Керенский</u>.

В апреле 1917 года в Петроград из-за границы возвращается Ленин, который сразу сказал, что Февральская революция не достигла нужных результатов, не принесла народу России мира и хорошей жизни. Значит, считал Ленин, России нужна новая революция.

Вообще, 1917 год был очень трудным годом в истории России. Все хотели знать ответ на вопрос - что же будет завтра? Сможет ли Россия, которой несколько веков правили цари и императоры, продолжать свою историю без царя? Какой станет новая Россия? Кто станет новым лидером - Александр Керенский, который умел красиво говорить, или **популярный** среди рабочих Владимир Ленин. Вопросов было очень много, ответы на них нашлись в октябре, когда произошла третья русская революция.

> Кстати, Ленин и Керенский были земляками: они родились и выросли в одном маленьком городе на Волге – в городе Симбирске (сейчас называется Ульяновск).

 Исторические термины:

Вре́менное прави́тельство—临时政府 （在彼得格勒成立的政府，这个政府建立的国家称为俄罗斯共和国，该政权只存在了七个多月，就在十月革命中被布尔什维克取代）

Петрогра́дский сове́т (Петросове́т)—彼得格勒苏维埃（全称彼得格勒工人与士兵代表苏维埃，又称工兵代表苏维埃）

Росси́йская респу́блика—俄罗斯共和国（由俄国临时政府<1917年>建立，存在于俄国二月革命至十月革命期间）

Алекса́ндр Ке́ренский—克伦斯基（1881—1970，律师，俄国资产阶级临时政府总理）

Начинается новый день **ТЕМА 7**

 Запомните слова и выражения (работайте со словарём!):

навести порядок (где?) *Пожалуйста, наведи порядок на своём письменном столе, сейчас там большой беспорядок. Мы два часа наводили порядок в комнате: мыли полы, окна, протирали книги и мебель. Эта книга помогла навести порядок в моей голове: после того, как я её прочитал, я стал лучше понимать историю России.*

бывший — *Бывший президент России Дмитрий Медведев сейчас премьер-министр. В бывшем царском дворце сейчас находится музей. Лена не разговаривает со своим бывшим молодым человеком, наверное, он её чем-то сильно разозлил.*

организация (имеет два значения – «орган» 机关 и «процесс организации» 组织; часто используется как синоним слова «учреждение» 单位) *В нашей организации скоро появится новый директор, сейчас все работники нашей организации хотят узнать, какой он человек. В КНР главной партийной организацией в стране является Центральный комитет Коммунистической партии Китая. Я хочу организовать студенческий концерт, кто мне может помочь в его организации? Наша компания делает любые переводы – и для организаций, и для простых людей.*

соратник (кого? чей? обычно используется в истории и науке) – *Фридрих Энгельс (恩格斯) – друг и соратник Карла Маркса. Янь Юань был любимым учеником и соратником Конфуция. Пушкин не просто дружил с декабристами, он был их соратником, но не смог участвовать в восстании.*

адвокат — *Для того, чтобы стать адвокатом, нужно окончить юридический университет. В США адвокаты играют очень важную роль в жизни общества, их там очень много. Ленин по профессии был адвокатом, Керенский – тоже был адвокатом.*

популярный (среди кого?) *Песня «Подмосковные вечера» появилась в 1950-е годы, но до сих пор остаётся популярной. По телевизору рассказали о том, что популярный телеведущий женился в пятый раз. Корейские сериалы сейчас очень популярны среди китайской молодёжи. Владимир Путин очень популярен среди жителей маленьких городов России и не очень популярен в Москве.*

 Ответьте на вопросы по тексту:

1. Кто получил власть в столице России после того, как Николай II отказался от власти?
2. Когда Временное правительство объявило о создании Российской республики?
3. Кто был руководителем Временного правительства?
4. Почему Ленин считал, что России нужна новая революция?

ТЕКСТ В. Великий Октябрь

Что принесла России Февральская революция? В России больше не было императора. Но война продолжалась, положение в русской экономике было тяжелым. Временное правительство обещало дать крестьянам землю, но **не выполнило своего обещания**. Временное правительство обещало для рабочих 8-часовой рабочий день, но и этого не сделало. Временное правительство обещало свободные газеты, но уже летом оно закрыло все газеты большевиков.

Большевики смогли очень быстро подготовить и провести новую революцию. Их поддерживали рабочие, у многих из которых было оружие, а также солдаты, которые побывали на войне, и матросы Балтийского флота. Центром революции стал Смольный институт в Петрограде, где работали и готовили революцию руководители большевиков. Рабочие, солдаты и матросы 24-25 октября (6-7

Крейсер "Аврора" - сейчас это музей на Неве

ноября по новому календарю) смогли захватить все самые важные места в Петрограде - мосты, телефон, почту. Вечером 25 октября крейсер "Аврора" **выстрелил** в сторону Зимнего дворца, чтобы все услышали о том, что произошла революция. Очень скоро революционеры взяли Зимний дворец. Временное правительство потеряло свою власть - так произошла Великая Октябрьская социалистическая революция. Великая - потому что это событие **имело огромную важность**, после него началась новая эпоха в истории России. Октябрьская - потому что произошла в октябре. Социалистическая - потому что большевики во главе с Лениным хотели построить в России социалистическое общество.

Ленин выступает перед членами Советов, 25 октября 1917 года

После революции в России появилось новое правительство - Совет Народных комиссаров, главой которого стал Ленин. Два первых и очень важных решения советской власти - это решение о мире (Россия должна была выйти из Первой мировой войны) и решение о том, что всю землю получают те люди, которые на ней работают, - крестьяне. Именно эти два решения позволили жителям России понять, что новая власть - Советская власть - гораздо лучше старой, потому это настоящая народная власть: она делает то, чего хочет народ.

С радостью встретили Октябрьскую революцию и национальные меньшинства России. Во времена Российской империи жизнь нерусского населения была довольно трудной. Советская власть решила так: каждый народ должен сам выбрать - останется ли он в новой советской России или захочет создать свое свободное государство.

> Во всех городах и деревнях России появились свои рабочие и крестьянские Советы. Из-за слова "Советы" новую власть в России стали называть "советской властью", а государство - Советской Россией. Главным девизом революции были слова "Вся власть - Советам! Фабрики - рабочим! Землю - крестьянам!"

Однако у Октябрьской революции было много врагов. Дворяне, капиталисты, генералы царской армии и многие интеллигенты не приняли революцию, то есть считали Советскую власть неправильной. Они были готовы начать войну против большевиков. Молодому государству, которое только что родилось, нужно было выдержать еще один трудный **экзамен** - Гражданскую войну.

Исторические термины:

матро́с—水兵、水手、船员

Балти́йский флот—波罗的海舰队

Смо́льный институ́т (Смо́льный)—斯莫尔尼宫（位于圣彼得堡东北部，1917年十月革命期间，布尔什维克党军事革命委员会设在斯莫尔尼宫，为十月革命司令部）

кре́йсер «Авро́ра»—阿芙乐尔号巡洋舰（原属俄罗斯帝国波罗的海舰队的一艘装甲巡洋舰。1917年10月25日，阿芙乐尔号官兵接受布尔什维克党指令开进涅瓦河。9时45分，阿芙乐尔号巡洋舰率先向当时的临时政府所在地冬宫开炮，发出进攻信号。）

Вели́кая Октя́брьская социалисти́ческая револю́ция—十月革命（即十月社会主义革命，又称布尔什维克革命、俄国共产主义革命等，发生于1917年11月7日，俄历10月25日）

социалисти́ческое о́бщество—社会主义社会

Сове́т Наро́дных комисса́ров—人民委员会（1917年—1922年苏维埃俄国和1922年—1946年俄罗斯苏维埃联邦社会主义共和国的最高行政机构）

национа́льные меньши́нства—少数民族

капитали́сты—资本家，资产阶级

интеллиге́нты—知识分子

Гражда́нская война́—俄国内战（1918年11月到1922年10月在前俄罗斯帝国境内发生的一场战争，交战双方由红军和松散的反布尔什维克白军武装组成，此外还有多国出兵进行武装干涉。）

俄罗斯历史　история россии

 Запомните слова и выражения (работайте со словарем!):

выполнить (сдержать) обещание (не выполнить (не сдержать) своего обещания) *Юрий обещал Ивану помочь сделать перевод, но не выполнил своего обещания, пришлось Юрию работать в одиночку. Фёдор обещал родителям стать серьёзнее и хорошо учиться, но своего обещания не выполнил и снова не сдал экзамены. Если ты хотя бы один раз не сдержишь своего обещания, то тебя уже будут считать не очень серьёзным человеком.*

выстрелить (несов. вид – стрелять; выстрелить в кого? во что?) *Охотник выстрели в медведя, но не попал. Полицейский закричал: «Стой!», потом выстрелил два раза в воздух и только потом выстрелил в преступника. Хоу И выстрелил в небо и сбил девять солнц, а одно солнце осталось на небе.*

иметь (большую, огромную) важность (для кого? чего?) *Проведение Олимпийских игр-2008 в Пекине имело огромную важность для всего китайского народа, это был праздник для всей страны. Умение работать в Интернете имеет огромную важность для современной молодежи, ведь в Интернете так много полезной информации.*

встретить с радостью (новость, событие) *Вся моя семья с радостью встретила новость о том, что я успешно сдал экзамен и смогу поступить в Пекинский университет. Все школьники с радостью встречают каникулы: наконец-то можно не ходить в школу каждый день!*

экзамен (не только 考试, но и в значении 考验; «выдержать экзамен» = «пройти испытание») *В жизни мы должны выдержать много трудных экзаменов, главный из которых – стать настоящим человеком. В трудную минуту Сергей не помог своему другу, а значит – не выдержал экзамен на настоящую дружбу, оказался не другом, а просто плохим человеком. Самым трудным экзаменом для советских людей стала война.*

 Ответьте на вопросы по тексту:

1. Что принесла России Февральская революция?
2. Как произошла Великая Октябрьская социалистическая революция?
3. Какое новое правительство появилось после Октябрьской революции? Кто стал главой этого правительства?
4. Какие враги были у Октябрьской революции?

После урока

Языковые упражнения

1. Соедините предложения по образцу. Используйте слово «благодаря».

Образец: *Этот писатель очень много работал. Именно поэтому он стал знаменитым. – Этот писатель стал знаменитым благодаря тому, что много работал.*

1) Эта модель телефона очень удобна в использовании. Поэтому она так популярна.

2) По телевизору часто показывают рекламу этого автомобиля. Поэтому многие люди покупают этот автомобиль.

3) Ли Дань каждый день занимается спортом по 5-6 часов. Именно поэтому он добился таких успехов.

4) У Егора очень сильный характер. Именно поэтому Егор всегда добивается своей цели.

5) В России зимой всегда много снега. Именно поэтому там любят кататься на лыжах и играть в хоккей.

2. Измените эти предложения так, чтобы использовать в них выражение «иметь большую важность для кого».

Образец: *В современном обществе изучать английский язык очень нужно. – Изучение английского языка имеет большую важность для современных людей.*

1) Молодёжи нужно уважать пожилых людей и помогать им.

2) Всем, кто изучает русский язык, нужно посмотреть прекрасные советские фильмы.

3) Каждый из нас должен следить за последними новостями, это важно для всех.

4) Занятия спортом очень нужны и полезны для школьников и студентов.

5) Следить за модой очень важно для любой девушки.

3. Постройте предложения со словом «популярный» по образцу.

А) О сериалах (电视剧)

Образец: *«Папины дочки» – популярный российский сериал.*

«Теория Большого взрыва» (《生活大爆炸》), «Бесконечная любовь» (《蓝色生死恋》), «Квартира» (《爱情公寓》), «Сумерки» (《暮光之城》), «Императрица во дворце» (《甄嬛传》), «Дневники вампира» (《吸血鬼日记》), «Моя любовь с далёкой звезды» (《来自星星的你》).

Б) О людях

Образец: *Витас – популярный российский певец.*

Дэн Лицзюнь, Чжан Имоу, Са Бэйнин, Чжан Сюэю, Фэн Сяоган, Чжоу Цзелунь, Дун Цин, Цзян Вэнь, Шуй Цзюньи.

4. Переведите предложения на китайский язык, используйте выражение «навести порядок».

1) 妈妈帮我整理完桌子后，我什么东西都找不到了。

2) 春节过后街道上总是有许多燃放烟花产生的垃圾，数百清洁工要花很长时间才能把街道打扫干净。

3) 考试之前一定要复习一遍所有内容，梳理知识。

4) 公司新经理迅速建立了新秩序。

Упражнения на усвоение фактического материала

1. Кто эти люди? Заполните таблицу.

Имя	Кто это?
Николай Александрович Романов	Император
Александра Фёдоровна Романова	
В.И. Ленин	
Григорий Распутин	
Николай Николаевич Романов	
Александр Керенский	
Лев Троцкий	

2. Сравните Февральскую революцию и Великую Октябрьскую социалистическую революцию. К какой революции относятся эти исторические факты. Поставьте знак «+» в таблице.

Исторический факт	Февральская революция	Октябрьская революция
После этой революции Николай II стал обычным человеком		
Центром этой революции был Смольный институт в Петрограде		
Начало этой революции дал знаменитый крейсер «Аврора»		
После этой революции власть получило Временное правительство		
Это была социалистическая революция		
Лидерами этой революции были большевики и В.И. Ленин		
Лидеры этой революции не выполнили своих обещаний		

3. Как отнеслись к Великой Октябрьской социалистической революции разные люди в России? Поставьте знак «+» в таблице.

Представители российского общества 1917 года	С радостью	Без радости
Рабочие		
Дворяне		
Большинство интеллигентов		
Крестьяне		
Капиталисты		
Солдаты		
Генералы		
Национальные меньшинства		

Начинается новый день **ТЕМА 7**

■ **Завершая тему (речевые и творческие задания)**

1. Начало XX века в России – это не только время общественных революций. Революция произошла и в жизни людей – появились новые виды техники. Посмотрите на эти вещи, которые появились в России в эпоху Николая II, расскажите, что это такое, для чего это нужно, и как эти вещи изменили жизнь людей.

2. Посмотрите на эту картину. Эта картина называется «Большевик», ее написал великий русский художник Борис Кустодиев. Расскажите, кого и что вы видите на этой картине. С каким историческим событием она связана? Как вы думаете, какое отношение к этому историческому событию хотел выразить художник?

3. Прочитайте этот текст (из песни «Интернационал» (国际歌). Эту песню часто пели в дни Февральской и Октябрьской революции в России. Попробуйте объяснить смысл этих слов на русском языке. О каком старом мире говорится в этих стихах? Почему этот старый мир плохой? Какие люди должны стать новыми хозяевами всего мира?

旧世界打个落花流水，
奴隶们起来，起来！
不要说我们一无所有，
我们要做天下的主人！

4. После Февральской революции 1917 года в России и Синьхайской революции (辛亥革命) в Китае в наших странах уже нет императоров. А в некоторых других странах, например, в Японии или Англии, есть. Как вы думаете, лучше с императором или без него? Давайте помечтаем: хотели бы вы быть императором (императрицей)? Что бы вы делали для себя, своей семьи и других людей? Каким бы был ваш день?

5. Санкт-Петербург называют «городом трёх революций». В нём много достопримечательностей, которые связаны с Февральской и Октябрьской революциями: Зимний дворец, Смольный институт, крейсер «Аврора». А с какими историческими событиями связан ваш родной город (или ваша провинция)? Какие исторические места в ней есть?

Трудное время великих побед

Великая Октябрьская социалистическая революция - это огромное событие не только в истории России, но и в истории всего мира. Для рабочих и крестьян всего мира победа Октябрьской революции в России стала примером, они стали активнее бороться за свободу и лучшую жизнь. Во многих странах появились социалистические и коммунистические партии. В 1921 году в Китае появилась Коммунистическая партия Китая, которая сыграла важнейшую роль в истории этой великой страны.

Революция - это всегда огромные изменения в истории страны, это всегда трагедия для миллионов людей. У любого нового государства, где победила революция, всегда очень много врагов и трудностей. Молодому советскому государству тоже было очень трудно. Это было первое социалистическое государство в мире. Это не нравилось многим другим странам мира. Вся первая половина XX века была для молодой Советской России временем огромных трудностей. Но это было и время великих побед. Об этих победах мы и расскажем в предпоследнем уроке нашего учебника.

УРОК 1. Первые шаги Советской власти

ТЕКСТ А. Гражданская война

Мао Цзэдун однажды сказал такие слова: "Революция - это не званый обед и не литературное творчество, не рисование и не вышивание. Она не может совершаться так же спокойно, красиво, вежливо и правильно". Это мудрые и правильные слова.

> По-китайски эти слова Мао Цзэдуна звучат так: "革命不是请客吃饭，不是做文章，不是绘画绣花，不能那样雅致，那样从容不迫，文质彬彬……"

Миллионы жителей России с радостью встретили Великую Октябрьскую социалистическую революцию. Но было немало и тех, кто решил против этой революции бороться с оружием в руках. В России началась Гражданская война - с одной стороны воевали те, кто поддерживал Ленина, большевиков и

Солдаты РККА

Советскую власть - их **флаг** был красного цвета, поэтому их называли "красными". С другой стороны воевали все, кто был против революции и против красных, их называли "белыми". 23 февраля 1918 года для защиты молодого Советского государства красные создали Рабоче-крестьянскую Красную армию (РККА) - как видно из названия, большинство солдат этой армии были рабочими и крестьянами. Эта армия быстро росла - в конце 1918 года в ней **служило** 800 тысяч человек, а к 1920 году - уже больше 5 миллионов человек.

Гражданская война шла почти по всей территории России. Враги наступали на Петроград с севера, поэтому Совет народных комиссаров в 1918 году переехал в Москву, которая и стала новой столицей. Тяжелее всего было на юге - на Украине, на Дону и на Кубани. Молодому Советскому государству не хватало хлеба, а лучшие земли южной части России были заняты белыми. Трудно было и на востоке, где белые захватили Урал и многие города на Волге. Со всех сторон у молодой Советской страны были враги. Англия, Франция, Япония и США, которые продолжали войну против Германии, активно помогали белым уничтожить советскую власть, давали белым деньги и современное оружие, даже самолеты. В порты Владивосток, Архангельск, Одессу пришли иностранные солдаты.

Про адмирала Колчака был снят фильм "Адмирал"

В августе 1918 года террористы попытались убить Ленина, который **чудом остался жив.**

На Урале у белых была большая армия, которой руководил адмирал Колчак. В конце 1918 года Красная Армия смогла победить Колчака и освободить от белых крупные города Урала и Сибири.

В 1919 году главным врагом красных был генерал Деникин, у которого была большая армия на юге России. Деникин сначала добился больших успехов и даже мечтал взять Москву, но к концу 1919 года Красная Армия победила и его. Белым не помогла даже военная помощь иностранцев: в России все больше людей поддерживали Советскую власть. К 1920 году на юге России у белых остался только полуостров Крым. Гражданская война **подходила к концу.**

Исторические термины и географические названия:

кра́сные и бе́лые — 红军、白军（俄国内战作战双方，红军是共产主义军队，为社会主义而战，白军为反动势力，主张建立资产阶级共和国）

Рабо́че-крестья́нская Кра́сная а́рмия (РККА) — 工农红军

Дон — 顿河（俄罗斯境内历史上有名的河流，顿河是罗斯托夫州主要河流，注入亚速海的塔甘罗格湾。俄罗斯罗斯托夫州的首府顿河畔罗斯托夫位于顿河沿岸。）

Куба́нь — 库班河（俄罗斯北高加索最大河流，流入亚速海，是克拉斯诺达尔边疆区的主要河流。）

заня́ть (террито́рию, го́род) — 占领（占领城市）

Владивосто́к — 符拉迪沃斯托克（位于俄罗斯远东地区，濒临日本海）

Арха́нгельск — 阿尔汉格尔斯格（位于北德维纳河河口附近，濒临白海，阿尔汉格尔斯克州首府，历史上是俄罗斯重要的港口）

Оде́сса — 敖德萨（乌克兰南部城市，濒临黑海）

Колча́к и Дени́кин — 亚历山大·瓦西里耶维奇·高尔察克（1874—1920）和安东·伊万诺维奇·邓尼金（1872—1947）（俄国国内战争时期反革命头目，白军将领）

Запомните слова и выражения (работайте со словарем!):

флаг (кого? чего? синоним «знамя» не используется в современной жизни; запомните выражение «под флагом» (какой страны?) *Когда я смотрю на красный флаг Китая, я всегда чувствую радость и гордость за свою страну. На стадионе собрались тысячи людей, у многих были флаги России, они кричали: «Россия вперёд!» В порту я увидел корабль под американским флагом и очень удивился: американцы были в нашем порту в первый раз.*

служить (кому? чему? запомните выражения «служить в армии, на флоте, в полиции») *В России каждый молодой человек должен служить в армии, а в Китае только желающие. Я хочу служить своей Родине, хочу сделать для нее что-то полезное. Президент сказал: «Благодарю за службу!», солдаты ответили: «Служим Российской Федерации!»*

уничтожить (кого? что?) *Про императора Цинь Шихуана говорили, что он уничтожил шесть царств и объединил Поднебесную. (瞰六国，兼天下) Я сначала сомневался, стоит ли мне переезжать в Тяньцзинь; моя поездка в этот город уничтожила все сомнения, я понял, что обязательно перееду. Мы с другом хорошо выпили: за вечер уничтожили 10 бутылок пива.*

чудом остаться живым (чудом выжить; слово «чудом» обычно используется со словами «спастись», «избежать смерти») *Самолёт упал, все пассажиры погибли,* но один человек чудом спасся. Я ехал на велосипеде, и тяжелая машина проехала в двух сантиметрах от меня, я чудом не попал под эту машину. Операция была очень тяжелой, даже хирург был уверен, что больной умрёт, но он чудом остался жив.

подходить к концу (сов. вид «подойти к концу», синоним «заканчиваться») Наше занятие подошло к концу, вы можете идти. Шла 88-ая минута, футбольный матч подходил к концу, а счёт был 0:0. Когда жизнь человека подходит к концу, ему становится очень тяжело, часто бывает грустно.

 Ответьте на вопросы по тексту:

1. Что значат буквы РККА? Когда появилась РККА?
2. Почему в 1918 году Совет народных комиссаров переехал в Москву?
3. Кто помогал белым бороться против красных?
4. Колчак и Деникин – кто они?

ТЕКСТ Б. Советская Россия в 1920-е годы

В ноябре 1920 года Красная армия освободила Крым. Из крымского порта Севастополь в Чёрное море уходили десятки кораблей, на которых Россию **покидали** те, кто не захотел остаться в Советской стране - всего почти 150 тысяч человек. Большинство из них до конца жизни жили за границей - во Франции, в Турции, в США. На Дальнем Востоке белые (с помощью японцев) продолжали Гражданскую войну до 1922 года, но и там они

> Военачальники РККА, которые добились великих побед в Гражданской войне, стали настоящими народными героями. Это Клим Ворошилов, Семен Буденный, Михаил Фрунзе, Михаил Тухачевский, Василий Чапаев, Григорий Котовский.

вынуждены были покинуть Россию (многие уехали в китайские города Харбин и Шанхай).

Теперь, после побед в Гражданской войне, нужны были новые победы - в экономике. Советская Россия оставалась еще очень бедной страной, из-за долгой войны ее экономика **была в ужасном состоянии**. Нужно было строить новые заводы, дороги, больницы, электростанции. На это не хватало денег, даже еды не хватало. Нужны были **срочные** экономические реформы.

Для решения этих проблем Ленин в 1921 предложил Новую экономическую политику (НЭП). Людям разрешили открывать небольшие магазины, крестьяне могли продавать свои продукты на рынке. Конечно, во время НЭПа в России опять появились богатые

Открытка эпохи НЭПа

и бедные, поэтому многие большевики были недовольны НЭПом. Ленин говорил, что НЭП - это надолго, но не навсегда. Уже к концу 1920-х годов НЭП закончился и советская экономика снова стала полностью государственной.

В 1922 году в истории России произошло очень важное событие. 30 декабря 1922 советские республики - Россия, Украина, Белоруссия и Закавказская республика (сейчас это Армения, Азербайджан и Грузия) объединились в одно государство - Союз Советских Социалистических Республик (СССР). Чуть позже в СССР вошли республики Средней Азии - сейчас это Казахстан, Узбекистан и другие страны. Столицей единого советского государства стал город Москва.

21 января 1924 года умер Ленин. Но страна, которую он создал, жила. Страной руководила партия,

> Вы уже знаете, что партия Ленина называлась Российская социал-демократическая рабочая партия большевиков (РСДРП(б). В 1918 году партию стали называть Российская коммунистическая партия (РКП (б), потом, после образования СССР, в 1925 году - Всесоюзная коммунистическая партия ВКП(б), и уже после 1952 года - Коммунистическая партия Советского Союза (КПСС).

которую тоже создал Ленин. Первый лидер СССР **похоронен** в самом центре Москвы, на Красной площади, в Мавзолее. В честь Ленина в 1924 году город Петроград назвали Ленинградом. После смерти Ленина руководителем партии большевиков стал Иосиф Сталин.

Исторические термины и географические названия:

электроста́нция—发电站

Но́вая экономи́ческая поли́тика (НЭП)—新经济政策（苏联历史上一项政策，1921—1936）

госуда́рственная эконо́мика—国营经济

Арме́ния, Азербайджа́н и Гру́зия—亚美尼亚、阿塞拜疆、格鲁吉亚

Сою́з Сове́тских Социалисти́ческих Респу́блик(СССР)—苏维埃社会主义共和国联盟

респу́блики Сре́дней Азии—中亚五国（哈萨克斯坦、乌兹别克斯坦、塔吉克斯坦、吉尔吉斯斯坦、土库曼斯坦）

Мавзоле́й Ле́нина—列宁墓（存放无产阶级革命导师列宁遗体的地方）

Ио́сиф Ста́лин—约瑟夫·斯大林（1879—1953，苏联政治家，苏联共产党中央委员会总书记、苏联部长会议主席、苏联大元帅，是在苏联执政时间最长<1924—1953>的最高领导人）

Запомните слова и выражения (работайте со словарем!):

покидать (синоним «оставлять», кого? что?) *В XIX и начале XX века многим китайцам пришлось покинуть Родину и уехать в другие страны, чтобы найти там* лучшую жизнь. Мы покидали Шанхай в отличном настроении, нам очень понравился этот красивый и гостеприимный город. Никогда не покидайте тех, кого вы любите, потом вы этого никогда не сможете себе простить.

быть в плохом (ужасном, отличном, прекрасном) состоянии—*В этом магазине продают старые книги, но многие из них еще в очень хорошем состоянии. Дом был в очень плохом состоянии, жить в нём было нельзя. Учёные нашли под землёй серебряную монету X века, несмотря на то, что она была под землёй больше тысячи лет, она всё еще была в отличном состоянии.*

срочный (о делах, новостях, сообщениях) *По телевизору сообщили: «Срочные новости! Несколько минут назад произошло сильное землетрясение». У директора сейчас срочное собрание, вам придётся его подождать. Маленькому Косте стало очень плохо, его родители поняли, что ему нужно срочное лечение.*

похоронить (несов. вид «хоронить») *Мао Цзэдуна похоронили в мавзолее в Пекине на площади Тяньаньмэнь. Этого известного актёра хоронили тысячи людей, которые очень любили его фильмы. В России, когда хоронят человека, обычно играет музыка.*

Ответьте на вопросы по тексту:

1. Какую политику предложил Ленин для решения экономических проблем начала 1920-х годов?
2. Почему большевики были недовольны НЭПом?
3. Какое очень важное событие в истории России произошло 30 декабря 1922 года?
4. Когда умер Ленин? Где он похоронен?

ТЕКСТ В. Индустриализация и коллективизация

> В 1934 году участник Гражданской войны Николай Островский написал знаменитую книгу "Как закалялась сталь". Её главный герой - Павел Корчагин - стал примером для миллионов молодых советских людей.

Перед молодой советской страной стояли две очень важные задачи - построить новую современную промышленность и сильное сельское хозяйство. Эти задачи начали решать сразу после НЭПа - в конце 1920-х годов. Вся Россия превратилась в огромную **стройку**. Строились целые заводы, электростанции, даже целые города. Так, например, на Урале в 1929 году появился один из самых крупных центров металлургии в мире - город Магнитогорск, в 1932 году в густых лесах Дальнего Востока построили новый город: Комсомольск-на-Амуре. В это **романтическое** время многие молодые люди совсем не боялись трудностей. Поехать из Москвы куда-нибудь в холодную Сибирь строить новые города - это была самая большая мечта тысяч молодых парней и девушек.

В 1930-е годы очень часто использовали слово **"герой"**. Героем можно было стать не только на войне, но и в обычной жизни, если хорошо работать. Примером для всех был обычный русский шахтер Алексей Стаханов. За один день он смог добыть в 14 раз больше угля, чем другие шахтеры! Многие люди последовали примеру Стаханова на заводах и фабриках, стараясь показать отличные результаты в труде. Таких героев называли "стахановцами". А фотографию самого Алексея Стаханова в 1935 году напечатали на обложке известного американского журнала Time. К концу 1930-х годов индустриализация добилась больших успехов. СССР делал свои самолеты, корабли, автомобили, не было проблем с электричеством, углем, нефтью. В 1935 году открылось Московское метро.

Алексей Стаханов

Памятник "Рабочий и колхозница", созданный Верой Мухиной в 1937 году - символ успехов индустриализации и коллективизации.

Во время индустриализации быстро росли города, но большинство людей, как и раньше, жили в деревне. Деревню тоже ждали большие изменения. Там в 1929 году началась коллективизация - объединение отдельных крестьян в коллективные хозяйства - колхозы. Одна семья не сможет вырастить много хлеба или получить много молока, ведь это очень трудно. Одна семья не может купить машины для современного сельского хозяйства. А колхоз мог всё это сделать, поэтому коллективизация была необходимым делом. Коллективизация проходила трудно, не все крестьяне хотели приходить в колхозы, эта реформа закончилась только в 1938 году. Трудности и успехи коллективизации прекрасно описаны в романе М.А. Шолохова "Поднятая целина".

Развивались не только промышленность и сельское хозяйство. Во многих деревнях строили новые больницы, библиотеки и школы. В городах открывали новые театры, музеи и университеты. Сталин говорил так: "Россия отстала от передовых стран на 50-100 лет, но мы должны пробежать это расстояние за 10 лет". Эту задачу СССР смог выполнить. К концу 1930-х годов СССР стал сильной и развитой страной. Но в будущем эту страну опять ждали трудности и несчастья.

Исторические термины и географические названия:

промы́шленность—工业

се́льское хозя́йство—农业

металлурги́я—冶金工业

Магнитого́рск—马格尼托戈尔斯克（俄罗斯城市）

Комсомо́льск-на-Аму́ре—阿穆尔河畔共青城（俄罗斯城市）

шахтёр—矿工

Алексе́й Стаха́нов—阿列克谢·斯达汉诺夫（苏联矿工）

стаха́новец—斯达汉诺夫式工作者（常用斯达汉诺夫式工作者来称呼那些创造纪录的工作者）

индустриализа́ция—工业化

коллективиза́ция—集体化

коллекти́вные хозя́йства (колхо́зы)—集体农庄

«По́днятая целина́» - рома́н М.А. Шо́лохова—《被开垦的处女地》（米哈伊尔·肖洛霍夫的名著）

Запомните слова и выражения (работайте со словарем!):

стро́йка (на стройке) *Мой отец – инженер-строитель, он работает на стройке. Недалеко от моего дома – стройка, там скоро появятся новые высокие дома. На стройке было шумно – ездили машины, кричали люди.*

романти́ческий (о чем-то, но не о людях, о людях говорят «романтичный») *У меня было романтическое настроение – хотелось петь и дарить незнакомым девушкам цветы. Максим приготовил для своей девушки ужин, поставил на стол свечи, включил романтическую музыку – хотел сделать для нее романтический вечер. В СССР многие мальчики мечтали стать лётчиками и моряками, в моде были романтические профессии.*

геро́й (кроме значения «тот, кто добился отличных успехов» 英雄, есть еще значение «персонаж произведения искусства» 主人公) *Мы всегда будем помнить героев, которые отдали свои жизни за нашу Родину. Герои фильма «Война и мир» живут в XIX веке, но они очень похожи на современных людей. В стихотворении «Рассказ о неизвестном герое» рассказывается о молодом человеке, который спас ребёнка во время пожара, но потом ушёл и никому не сказал своего имени.*

добы́ть (несов. вид «добывать», добывать уголь, нефть, золото; может использоваться в значении «достать, найти»; еще есть выражение «добывать свой хлеб» 谋生) *Нефть в России добывают, в основном, в Западной Сибири. Когда мы оказались в лесу без еды, мы не знали, что делать, но нас спас Иван, он где-то добыл воды и сухих веток, сделал костёр и начал готовить ужин. Каждый из нас должен думать о том, как добывать свой хлеб в будущем.*

обло́жка (журнала, книги, на обложке) *На обложке журнала я увидел такую красивую девушку, что сразу влюбился в неё. Я в одном маленьком магазине купил старый словарь, на его обложке написано, что этим словарём пользовались еще студенты 1950-х годов. Обложка у книги была красивая, а содержание – ужасное.*

Ответьте на вопросы по тексту:

1. Какие важные задачи стояли перед молодой советской страной?
2. Почему шахтёр Алексей Стаханов считается героем своего времени?
3. Когда открылось Московское метро?
4. В каком произведении описаны трудности и успехи коллективизации?
5. Какой страной СССР стал к концу 1930-х годов?

После урока

Языковые упражнения

1. Измените эти предложения так, чтобы использовать в них выражение «подходить к концу».

1) Лето уже заканчивалось, а я еще ни разу не ходил на море купаться.

2) Моя учёба в университете скоро кончится, я буду очень скучать по родному университету.

3) Есть такая грустная русская пословица: «Всё хорошее когда-нибудь кончается».

4) Дорогие телезрители! Наша передача вот-вот завершится. Надеюсь, вам было интересно.

2. Вставьте в это предложение пропущенное слово (можно использовать слова «хороший, плохой, замечательный, отличный, прекрасный, ужасный, чудовищный»).

1) Моя куртка была в_____состоянии. В химчистке (干洗店) мне сказали, что ее надо не чистить, а выбросить.

2) Велосипед был в_____состоянии, поэтому продавец никак не соглашался продать мне его подешевле.

3) Квартира была в_____состоянии. «Здесь нужно целый месяц делать ремонт», - подумал я.

4) Контрольная работа этого студента была в_____состоянии, везде были ошибки, ошибки, ошибок было так много, что я не смог их сосчитать.

5) Этой гитаре уже больше 30 лет, а она всё еще в_____состоянии, совсем как новая.

6) Причёска этой девушки была в_____состоянии, и неудивительно, ведь на улице был сильный ветер.

3. Постройте предложения со словом «герой» по образцу.
Образец: *Евгений Онегин – это герой романа А.С. Пушкина «Евгений Онегин»*
Сунь Укун, Лю Бэй, Сун Цзян, Сян Линьсао, Цзя Баоюй, Чжугэ Лян, Цуйцуй, Лян

Шаньбо, Сянцзы-верблюд, Линь Дайюй, Чжу Бацзе.

4. Переведите эти предложения, используйте в переводе слово «срочный».

1) 对不起，我迟到了，我有急事耽搁了。
2) 从上海发出的包裹需要运送五天，加急快件只需要一天。
3) 医生需要进行紧急手术来救助病人。
4) 政府采取了紧急措施，帮助震后灾区人民。
5) 总统无小事，他的每一件事都是重要的、紧急的。

Упражнения на усвоение фактического материала

1. Расположите эти исторические события в исторической последовательности.

Столицей России становится Москва, смерть Ленина, РККА освобождает Крым, создание СССР, начало НЭПа, создание РККА, РККА побеждает Деникина, террористы пытаются убить Ленина.

2. Из нескольких вариантов ответа выберите правильный.

1а) В 1918 году террористы убили В.И. Ленина.
1б) В 1918 году террористы пытались убить В.И. Ленина.

2а) В ноябре 1920 года тысячи людей уезжали из Крыма на кораблях.
2б) В ноябре 1920 года тысячи людей приезжали в Крым на кораблях.

3а) Ленин говорил: «НЭП – это всерьёз и навсегда»
3б) Ленин говорил: «НЭП – всерьёз и надолго, но не навсегда»
3в) Ленин говорил: «НЭП – это несерьёзно и ненадолго».

4а) В 1930-е годы все молодые люди должны были ехать в Сибирь строить новые города.
4б) В 1930-е годы все молодые люди отказывались ехать в Сибирь строить новые города.
4в) В 1930-е годы все советские молодые люди мечтали ехать в Сибирь строить новые города.

5а) Стаханов хорошо работал, поэтому его фотографию напечатал американский журнал.
5б) Стаханов уехал в Америку, поэтому его фотографию напечатал американский журнал.
5в) Стаханов был героем войны, поэтому его фотографию напечатал американский журнал.

6а) В романе «Поднятая целина» М.А. Шолохов писал о коллективизации.
6б) В романе «Поднятая целина» М.А. Шолохов писал об индустриализации.
6в) В романе «Поднятая целина» М.А. Шолохов писал о Гражданской войне.

3. Прочитайте эти тексты. О каких исторических событиях или явлениях они рассказывают?

1) 实现社会主义工业化，发展国民经济，以及为应对不断增长的战争威胁，苏联东部地区大规模地扩建了基地，保证了不断释放的巨大军事和经济潜力。1940年，苏联生铁产量已达1500万吨，煤产量达1亿6千万吨，石油产量达到3100万吨，谷物产量达到3830万吨，棉花产量270万吨。

2) 顿涅茨煤矿采煤工人斯达汉诺夫1935年8月30日创造了风镐采煤单班日产102吨煤的记录，超过定额13倍。这一事迹在苏联第2个五年计划时期得到广泛传播，发展成为斯达汉诺夫运动。

3) 1929年11月联共(布)中央决定加快农业集体化速度，向各州提出了全盘集体化的任务。随后，各类地区规定了完成集体化的期限：主要产粮地区（北高加索、伏尔加河中下游）要求在1931年春季基本完成；其他产粮区（乌克兰、中央黑土区、西伯利亚、乌拉尔、哈萨克斯坦）要求1932年春季基本完成。

УРОК 2. Священная война

ТЕКСТ А. Начало войны

В любом учебнике можно прочитать, что Великая Отечественная война началась 22 июня 1941 года. На самом деле, СССР готовился к войне заранее, еще с 1930-х годов. Сталин хорошо понимал политику и чувствовал, что скоро в Европе начнется большая война. С 1937 года, когда Китай начал войну против японских захватчиков, СССР не только помогал Китаю, но и сам готовился к войне против Японии.

Япония в 1938 и 1939 годах два раза пыталась начать войну против СССР, но неудачно. В августе 1939 года на реке Халхин-Гол (в Монголии) советская армия победила японцев и защитила восточную границу страны. И в том же 1939 году началась война на севере - против Финляндии. Все это были небольшие войны, но руководители СССР понимали, что скоро начнется большая война против Германии и нужно к ней хорошо подготовиться. Чтобы **выиграть время**, СССР и

> Пожалуйста, запомните: Вторая мировая война началась 1 сентября 1939 года и закончилась 2 сентября 1945 года. Великая Отечественная война, которая началась 22 июня 1941 года и закончилась 9 мая 1945 года - это часть Второй мировой войны.

Плакат И. Тоидзе «Родина-Мать зовёт!» стал символом начала «священной войны»

Германия подписали **Договор** о ненападении. Но Германия начала войну против СССР, даже несмотря на этот договор. 22 июня 1941 года, ровно в 4 часа утра, огромная фашистская армия (5,5 миллионов человек) перешла границу СССР. Началась Великая Отечественная война. Эта война отличается от войн, которые лидер фашистов - Адольф Гитлер - вел в Европе. Гитлер так **ненавидел** СССР, что мечтал полностью уничтожить эту страну.

Начало войны было для СССР очень неудачным. Фашисты быстро наступали на севере на Ленинград, на юге - на Киев, в центре - на Москву. Уже 28 июня немцы взяли Минск. 8 сентября армия фашистов **окружила** Ленинград; началась блокада Ленинграда, которая продолжалась 872 дня. Враги разрушили дворцы и парки времен Петра I и Екатерины II, которые окружали бывшую столицу России, но сам Ленинград они взять не смогли.

Гитлер мечтал закончить войну против СССР до начала зимы, поэтому хотел быстро взять столицу СССР - Москву. В сентябре 1941 года началась Битва за Москву. В конце ноября немцы были уже в 32 километрах от Москвы! Но **осуществить свой план** Гитлеру не удалось. 5-6 декабря солдаты РККА сильно ударили по врагу, и Гитлеру пришлось надолго забыть о своих мечтах. Больших успехов под Москвой и под Ленинградом

Георгий Жуков – великий совстский восначальник

добились талантливые советские военачальники Георгий Жуков и Константин Рокоссовский.

После победы в Битве за Москву победа СССР была еще далеко. Фашисты захватили много территорий к западу от Москвы, а РККА потеряла слишком много солдат в трудные первые месяцы войны. Однако удалось спасти большинство заводов и фабрик, которые переехали на

> В первый день войны один из лидеров СССР, Вячеслав Молотов, выступил по радио и сказал такие знаменитые слова: "Наше дело правое, победа будет за нами" (это значит: мы победим, потому что так будет справедливо).

Урал и в Сибирь. В первые недели войны очень известной стала песня, в которой есть такие слова "Идет война народная, священная война!". Это было действительно так. **Мужество** показывали все советские люди - и те, кто воевал, и те, кто работал на заводах и в полях. Война стала общим делом всего народа; не было ни одного жителя СССР, который мог бы сказать "Эта война меня не касается". В тех районах, которые захватила Германия, фашисты убивали очень много людей - за всю войну больше 7 миллионов человек! Как и во время Отечественной войны 1812 года большую роль играли партизаны, особенно на Украине и в Белоруссии. И каждый советский человек ненавидел врагов - вот почему войну называли "священной".

Исторические термины и географические названия:

Вели́кая Оте́чественная война́ — 伟大的卫国战争（1941–1945）

япо́нский захва́тчик — 日本侵略者

Ха́лхин-Гол — (蒙古、中国) 哈拉哈河，又名哈勒欣河

Догово́р о ненападе́нии — 《苏德互不侵犯条约》《莫洛托夫—里宾特洛甫条约》

фаши́стский — 法西斯的，фаши́ст — 法西斯分子，фаши́зм — 法西斯主义

Адо́льф Ги́тлер — 希特勒（1889–1945，法西斯德国元首）

блока́да — 封锁，блока́да Ленингра́да — 封锁列宁格勒（第二次世界大战中轴心国为攻占列宁格勒而实施的军事行动，围攻从1941年9月9日开始至1943年1月18日）

Би́тва за Москву́ — 莫斯科战役

Гео́ргий Жу́ков — 格奥尔吉·朱可夫（苏联著名军事家，战略家，苏联元帅）

Константи́н Рокоссо́вский — 康斯坦丁·罗科索夫斯基（苏联元帅）

свяще́нная (война́) — 神圣的（战争）

Запомните слова и выражения (работайте со словарем!):

вы́играть вре́мя (для чего?) *Давайте сейчас хорошо поработаем, чтобы выиграть время для отдыха вечером. Врагов было много, а наших героев всего пятеро; они смело воевали, чтобы выиграть время до того, как подойдут их товарищи.*

догово́р (подписать, заключить договор о чём?; глагол «договориться» с кем? о чём?) *Россия и Китай подписали договор о дружбе и сотрудничестве. Мы с друзьями договорились вечером пойти в кино. Я договорился с хозяином ресторана о том, чтобы поработать на каникулах в его ресторане официантом. В России есть поговорка «Договор дороже денег», которая значит, что свои обещания надо выполнять.*

ненави́деть (кого? что?) *Вика ненавидела дождливую погоду; когда шёл дождь, ей было грустно и хотелось спать. Маленький Саша ненавидел кашу; когда мама говорила: «Будем есть кашу!», Саша начинал громко плакать. Я ненавижу нечестных людей; когда меня кто-то обманывает, мне хочется ударить этого человека.*

окружи́ть (кого? что? чем?) *Высокие дома окружили исторический центр Москвы, в котором еще есть старинные домики. Как только популярный певец вышел из дома, его сразу окружили поклонницы. Богатый человек построил дом и окружил его высоким* забором, чтобы никто не смог взять его деньги. В Китае в каждой семье только один ребёнок, поэтому родители стараются окружить его любовью и заботой.

осуществить свой план (свой замысел, свою мечту) Мы хотели пойти в поход, но сильный дождь не дал нам осуществить наш план. Игорь поставил перед собой задачу: каждый день учить по 100 русских слов, но он не сумел осуществить свой план, потому что очень скоро это ему надоело. Я хотел стать врачом, но не смог, надеюсь, что мой сын сможет осуществить мою давнюю мечту.

мужество (показать, проявить мужество) Для того, чтобы пойти к зубному врачу, требуется немало мужества. У баскетболиста очень сильно болела нога, но он проявил мужество и доиграл матч до конца. Тарас не смог проявить мужество и признаться Кате, что любит ее.

 Ответьте на вопросы по тексту:

1. Когда началась Великая Отечественная война?
2. Сколько дней продолжалась блокада Ленинграда?
3. Какие советские военачальники добились больших успехов в битвах под Москвой и под Ленинградом?
4. Что жители СССР думали о Великой Отечественной войне? Почему её называли "священной"?

ТЕКСТ Б. Сталинград и Курск

В 1942 году война продолжалась, и снова неудачно для СССР. Гитлер понял, что быстро войну закончить не получится, поэтому он **изменил свои планы** и решил сначала взять крупный город Сталинград на Волге, а потом захватить весь юг России и Кавказ. Хлеб южных районов и нефть Кавказа были очень нужны Германии. После крупной победы под городом Харьков немецкие войска быстро шли к Волге и уже летом 1942 года началась вторая крупная битва Великой Отечественной войны - Сталинградская битва.

Сначала Сталинградская битва шла для фашистов неплохо. К осени они подошли к городу, бои начались прямо на его улицах. В сентябре 1942 года особенно тяжелые бои начались на **холме** на берегу Волги, который называется "Мамаев курган" (сейчас там находится мемориал, почти в самом центре города). Советские солдаты пообещали, что они умрут, но не сделают ни одного шагу назад. Сейчас к памятнику "Стоять насмерть" на Мамаевом кургане подходят туристы со всего мира; никто не может остаться **равнодушным** на этом месте.

К концу ноября 1942 года немцы захватили почти весь город (который уже

Трудное время великих побед ТЕМА 8

было трудно назвать городом, потому что там не осталось ни одного дома), но Сталинградская битва продолжалась. У советских военачальников был такой план - окружить врагов в Сталинграде. В феврале 1943 года это удалось сделать: фашисты в этом окружении потеряли более 230 тысяч человек, РККА освободила Сталинград. Победа под Сталинградом была очень важной для всей Второй мировой войны; президент США

Мамаев курган – священное место для всех жителей России

Рузвельт писал Сталину в письме: "Весь американский народ очень рад победе СССР под Сталинградом".

После Сталинградской битвы в Великой Отечественной войне все изменилось. Теперь РККА шла вперёд, на запад, а фашисты должны были

Курская битва

возвращаться назад. Последняя попытка Гитлера победить в этой войне случилась летом 1943 года - он хотел взять город Курск. Третья крупная битва Великой Отечественной войны - Курская битва - проходила

49 дней, до августа 1943 года; она тоже закончилась победой РККА. После этой битвы советская армия очень быстро двигалась на запад и уже к осени 1943 года вышла к реке Днепр, а 6 ноября 1943 года освободила Киев. Стало понятно, что войну обязательно выиграет СССР, **это был вопрос времени.**

28 ноября 1943 года в городе Тегеран (сейчас это столица Ирана) началась встреча лидеров СССР, США и Великобритании - Тегеранская конференция. Три великих человека своего времени обсуждали, как продолжать войну против Гитлера. В Тегеране Сталин пообещал, что как только война в Европе закончится, СССР сразу начнет войну против Японии.

 Исторические термины и географические названия:

Сталингра́д—斯大林格勒（伏尔加格勒的旧称）
Кавка́з—高加索山脉，高加索地区
Ха́рьков—哈里科夫
Сталингра́дская би́тва—斯大林格勒战役

131

Мама́ев курга́н — 马马耶夫岗

мемориа́л — 纪念性建筑

па́мятник "Стоя́ть на́смерть" — "宁死不屈"雕像（位于马马耶夫岗）

окруже́ние — 合围（军事术语）

Ф.Д. Ру́звельт — 富兰克林·罗斯福（1882—1945，美国第32届总统）

Курск — 库尔斯克（俄罗斯城市）

Ку́рская би́тва — 库尔斯克战役

Тегера́н — 德黑兰（伊朗首都）

Тегера́нская конфере́нция — 德黑兰会议

Запомните слова и выражения (работайте со словарем!):

изменить свои планы (=поменять свои планы, из-за чего?) Из-за высоких цен я изменил свои планы и вместо новой машины купил себе новый велосипед. Савелий хотел изучать китайский язык, но у него плохое зрение, трудно читать иероглифы, из-за этого планы пришлось изменить. Из-за того, что родители были всё время заняты на работе, семья изменила свои планы и не поехала за границу, а провела каникулы дома.

Холм (на холме) Про Москву часто говорят, что она стоит на семи холмах. Мы поднялись на высоких холм, оттуда было прекрасно видно весь город. Вокруг этого города – высокие холмы, они окружают город, поэтому там не бывает сильного ветра.

равнодушный (к чему? остаться равнодушным) Отношение к жизни у Станислава было очень равнодушное: ничего его не интересовало, ничего не радовало. Все мои друзья очень любят футбол, а я к нему совершенно равнодушен. Самые плохие люди – не злые, не жестокие, а именно равнодушные люди, потому что они не обращают внимание на других людей.

вопрос времени Больной обязательно поправится, теперь это уже вопрос времени. Русский язык такой трудный, я думаю, что еще много лет буду его изучать, но обязательно овладею им хорошо, это только вопрос времени. Не надо расстраиваться, если вы не нашли настоящую любовь в студенческие годы; вы ее найдете, это вопрос времени.

Ответьте на вопросы по тексту:

1. Когда началась Сталинградская битва?
2. Какой план был у советских военачальников во время Сталинградской битвы?
3. Когда началась Тегеранская конференция?
4. Где и в честь чего был построен памятник "Стоять насмерть"?

ТЕКСТ В. Освобождение

В 1944 году РККА смогли освободить всю Украину, выйти к границе СССР, а также освободить Ленинград. Везде советские солдаты добивались успехов; положение фашистов стало очень тяжелым. Летом 1944 года началось освобождение Восточной Европы - Польши и других стран. В 1945 году РККА вела войну уже в Германии.

С 4 по 11 февраля лидеры СССР, США и Великобритании встретились во второй раз, уже в СССР, в Крыму - это была Ялтинская конференция, на которой обсуждали будущее Европы после войны.

16 апреля 1945 года началась последняя крупная битва Великой Отечественной войны - битва за Берлин. Это самая крупная битва в истории всего мира (в ней участвовало

Знамя Победы над Рейхстагом в Берлине – символ конца Великой Отечественной войны

более трёх с половиной миллионов человек!). 1 мая над главным **зданием** Берлина - Рейхстагом - советские солдаты подняли красный флаг. 9 мая Великая Отечественная война закончилась полной победой СССР, поэтому в этот день до сих пор отмечают великий праздник - День Победы. В России про этот день говорят "Это праздник со слезами на глазах", потому что в Великой Отечественной войне СССР потерял почти 27 миллионов человек (из них почти 20 миллионов мужчин).

Как и обещал Сталин, СССР начал готовиться к войне против Японии. Советские военачальники планировали освободить от японцев Северо-Восточную

Дмитрий Медведев в 2010 году посетил в Китае Мемориальное кладбище советских воинов
(旅順苏军烈士陵园)

часть Китая, освободить остров Сахалин и Курильские острова, которые Российская империя потеряла после Русско-японской войны 1904-1905 годов.

8 августа советские войска начали войну против японской армии на территории Китая, освободили китайские города Харбин, Чанчунь, Шэньян и Далянь. Жители этих городов встречали советских солдат с цветами. В память об этих днях в Чанчуне и в Даляне

133

стоят прекрасные памятники. Скоро, 2 сентября 1945 года, закончилась Вторая мировая война.

Для Советского Союза эта война была очень тяжелой. Но люди думали так: "Если мы смогли победить в такой тяжелой войне, мы обязательно сможем **восстановить** нашу страну". Это была очень трудная задача - от 1700 советских городов почти ничего не осталось, от 70 тысяч деревень остались только названия. Но и в восстановлении страны советские люди одержали великую победу.

1 октября 1949 году на карте мира появилось новое государство - Китайская Народная Республика (КНР). Уже на следующий день СССР, первым из всех стран мира, признал КНР. Советский Союз **оказал большую помощь** молодому китайскому государству (старший брат должен помогать младшему), поэтому в Китае про Советский Союз в те годы так и говорили: «старший брат» или «большой брат». Братские отношения между нашими странами недавно **отметили** 60-летний **юбилей,** и, конечно, отметят еще много юбилеев в будущем.

 Исторические термины и географические названия:

Восто́чная Евро́па—东欧

Ялтинская конфере́нция—雅尔塔会议

би́тва за Берли́н—柏林会战（1945年4月16日—5月1日）

Рейхста́г—国会大厦（位于德国首都柏林，是德国统一的象征，也是德国法西斯的象征）

призна́ние КНР—承认中华人民共和国

 Запомните слова и выражения (работайте со словарем!):

зда́ние (чего?) *В нашем городе много старинных зданий, некоторые здания были построены еще в эпоху Мин. Что это за здание? – В этом здании раньше жил какой-то богатый человек, а сейчас это городской музей. В здании библиотеки случился пожар, многие книги сгорели. В здании больницы нельзя курить, даже около здания нельзя, нужно отойти на 50 метров.*

восстанови́ть (несов. вид «восстанавливать», что?) *Мы с бывшими одноклассниками не разговаривали почти 30 лет, а сейчас с помощью Интернета мы смогли восстановить отношения. После болезни нужно есть больше фруктов – они помогут тебе восстановить здоровье и силы. Реставратор - это удивительная профессия; этот специалист восстанавливает старые картины и здания.*

оказать помощь (несов. вид оказывать помощь, кому? в чём?, используется только в письменной речи, в устной речи говорят «помогать») *Этот известный бизнесмен – добрый человек, он часто оказывает помощь бедным людям, даёт деньги школьникам из бедных семей. Правительство Китая оказывает большую помощь странам Африки в развитии экономики. В больнице вам смогут оказать медицинскую помощь.*

отметить (встретить; несов. вид «отмечать, встречать») **юбилей** (кого? чего?) *В 2015 году весь мир отмечает великий юбилей – 70-летие окончания Второй мировой войны. Отметить 90-летний юбилей Макара Егоровича Ершова собралась вся его большая семья – семь детей, 24 внука и множество правнуков. Китайские студенты интересно отметили 200-летний юбилей М.Ю. Лермонтова – они читали его стихи.*

Ответьте на вопросы по тексту:

1. Что обсуждали лидеры СССР, Англии и США в Ялте?
2. Как называется последняя крупная битва Великой Отечественной войны?
3. Когда отмечают День Победы? Почему этот день называют "Праздник со слезами на глазах"?
4. Когда закончилась Вторая Мировая война?
5. Почему в Китае Советский Союз называли "старшим братом"?

После урока

Языковые упражнения

1. Измените эти предложения по образцу, используйте в них глагол «договориться».

Образец: *Мы попросили их нам помочь, и они согласились. – Мы договорились с ними о помощи.*

1) Я попросил Костю помочь нам переехать в новую квартиру, он сказал, что поможет.
2) Мы попросили преподавателя перенести занятия на следующий день, он согласился.
3) Кирилл предупредил друзей, что может опоздать, друзья ему сказали, что подождут его.
4) Мы с друзьями решили, что в июне все вместе поедем отдыхать на остров Хайнань.
5) Иван, Костя и Антон решили, что завтра утром все вместе поедут на рыбалку.

2. Какие юбилеи мы будем отмечать в ближайшие годы (2015-2019)? Постройте предложения по образцу, используйте выражение «отметить юбилей».

Образец: *Владимир Путин, 1952 – В 2017 году мы будем отмечать 65-летний юбилей Владимира Путина.*

Чжан Айлин (1920), Цзинь Юн (1924), Ван Мэн (писатель, 1934), Лэй Фэн (1940), Ху Цзиньтао (1942), Дэн Лицзюнь (1953), Чжао Бэньшань (1957), Ван Шо (1958), Гун Ли (1965).

3. Переведите эти предложения, используйте слово «восстановить».
1) 在山里休息一两个月有利于身体恢复健康。
2) 为了复原这幅在火灾中受损的古画，科学家们工作了好几年。
3) 与朋友吵架很容易，但之后恢复关系是很难的。
4) 昨天晚上我在脑海中仔细回忆了这一天做的事情，结论是又虚度了一天。

Упражнения на усвоение фактического материала

1. Соедините крупнейшие события Великой Отечественной войны с их датами и результатами.

Событие войны	Дата	Результат
Начало войны	Август 1943 года	Фашисты отступили от Москвы
Блокада Ленинграда	Апрель 1945 года	Восточная Европа стала свободной от фашизма
Битва за Москву	8 августа 1945 года	Последняя попытка фашистов победить закончилась неудачей
Сталинградская битва	сентябрь-декабрь 1941 года	Конец Великой Отечественной войны
Курская битва	22 июня 1941 года	Советская армия окружила и уничтожила много фашистов
Освобождение стран Восточной Европы	1944-1945 годы	Освобождение Северо-Востока Китая от японцев
Битва за Берлин	1941-1944 годы	Почти 900 дней город был окружён
Начало войны против Японии	Осень 1942 – февраль 1943 года	Фашисты быстро наступали на Москву

2. Из этого списка городов СССР, пожалуйста, выберите те, в которых происходили важные события Великой Отечественной войны.

Курск, Новосибирск, Казань, Ленинград, Самара, Москва, Иркутск, Киев, Владивосток, Сталинград, Сочи, Харьков, Ташкент, Екатеринбург, Минск.

3. В этих предложениях есть исторические ошибки. Найдите и исправьте их.

1) В 1939 году японская армия победила советскую армию на реке Ялуцзян в Китае.

2) 22 июня 1941 года Япония начала войну против СССР.

3) Сталин на Тегеранской конференции сказал, что начнёт войну против Японии в 1943 году.

4) СССР начал войну против Японии, чтобы захватить ее территорию и сделать Японию частью СССР.

5) Советская армия освободила от японцев города Шанхай, Нанкин и Гуанчжоу.

Трудное время великих побед ТЕМА 8

Завершая тему (речевые и творческие задания)

1. Посмотрите на эти картины советских художников 1930-х годов. Что вы на них видите? Как вы думаете, чем эти картины похожи друг на друга?

2. Красивый дальневосточный город Комсомольск-на-Амуре построили комсомольцы – молодые люди вашего возраста. Представьте себе, что вы приехали в какое-то далёкое место строить новый город. Что вы будете строить сначала, а что потом? Почему у вас именно такой план? Используйте такую модель:

Сначала мы будем строить ..., чтобы ...

Прежде всего, мы построим ..., потому что это необходимо для того, чтобы ...

После этого, мы построим ..., потому что нам будет нужно...

3. Перед вами – текст Гимна КНР и китайский перевод текста песни «Священная война». Чем похожи эти песни? Чем они отличаются? Какие чувства они вызывают?

《神圣的战争》
起来，巨大的国家，做决死斗争！
要消灭法西斯恶势力，消灭万恶匪群！
全国人民轰轰烈烈，回击那刽子手，
回击暴虐的掠夺者和吃人的野兽！
不让邪恶的翅膀飞进我们的国境，
祖国宽广的田野，不让敌人蹂躏！
贡献出一切力量和全部精神，
保卫亲爱的祖国，伟大的联盟！
副歌
让最高贵的愤怒，像波浪翻滚！
进行人民的战争！
神圣的战争！

《义勇军进行曲》
起来！不愿做奴隶的人们！
把我们的血肉，筑成我们新的长城！
中华民族到了最危险的时候，
每个人被迫着发出最后的吼声。
起来！起来！起来！
我们万众一心，
冒着敌人的炮火，前进！
冒着敌人的炮火，前进！
前进！前进！进！

137

4. Посмотрите на эти плакаты. О чём они говорят? Какое отношение СССР и Китая друг к другу они передают?

5. В 1950-е годы в Китай приезжали тысячи советских людей – помогать Китаю развивать экономику. В последнее время в Китай приезжают российские студенты, чтобы учиться китайскому языку. Представьте, что у вас в семье будет жить такой российский студент (или студентка). Что вы покажете ему (ей) в вашем родном городе? О чём будете с ним (с ней) разговаривать?

История продолжается

В середине XX века люди мира пережили самую страшную войну за всю историю. Но даже эта война не смогла остановить историю. Люди, как и всегда, стремились к счастливой жизни, к развитию, к миру и добру. Когда закончился XX век, с ним закончилась и история Советского Союза. После конца СССР Россия переживала очень трудные времена. Но мы уже знаем, что даже самые трудные времена не означают, что история закончилась. Она всегда продолжается и всегда продолжается только в одном направлении – в стремлении людей к счастливой жизни, к развитию, к миру и добру.

УРОК 1. СССР в 1950—1980-е годы

ТЕКСТ А. Эпоха Хрущева

После Великой Отечественной войны в семьях советских людей все чаще говорили слова «мирная жизнь». После войны трудно было купить продукты, еще мало было красивой одежды, но с каждым годом становилось все понятнее – война кончилась, начиналась новая жизнь. В 1952 году советские спортсмены в первый раз участвовали в Олимпийских Играх (и добились хороших результатов), в 1953 году в центре Москвы открылся «главный магазин страны» - ГУМ, а на Ленинских горах (сейчас называются Воробьевы Горы) построили новое, высокое, красивое здание МГУ.

В марте 1953 года умер Сталин. Эпоха Сталина, которая продолжалась почти 30 лет, сейчас **вызывает много споров**. Одни считают, что Сталин принес стране только плохое, другие – что только хорошее. Сталин был человеком, и, как все люди, ошибался. Многие его ошибки были **серьезными**. Нужно помнить, что победа в Великой Отечественной войне и превращение Советского Союза в одну из самых великих стран мира – это достижения эпохи Сталина.

> Интересную оценку Сталину дал английский лидер Уинстон Черчилль, который не любил ни СССР, ни коммунизм, ни Сталина: «He is a man of massive outstanding personality, a man of inexhaustible courage and will-power…» «Этот человек – настоящая выдающаяся личность, смелый человек с очень сильным характером».

В 1954 году новым лидером Советского Союза стал Никита Хрущев. Хрущев не имел больших способностей управлять страной, и не **заслужил большого уважения** ни среди простых советских людей, ни среди руководителей других стран. Мао Цзэдун, например, считал Хрущёва не очень умным человеком. К счастью, СССР был страной, которой управляла партия, а не один человек, поэтому страна продолжала жить и развиваться.

В 1954 году в СССР начинается период быстрого развития культуры и искусства. Появляются новые театры, самый знаменитый из которых – «Современник» - стал символом новой эпохи. Появляются новые, молодые, талантливые поэты. **Снимаются новые фильмы**, которые прославились во всем мире. Писатели пишут сотни новых книг, одна из которых – роман «Оттепель» - дала название всей эпохе Хрущева. Период с 1954 по 1964 год в истории СССР называют «Оттепелью».

> Вы изучаете русский язык и должны знать, что первым словом первого человека в космосе было русское слово «Поехали!» (это значит «Начинаем!»), которое сказал Юрий Гагарин в самом начале своего полёта.

Главным достижением СССР в эпоху Хрущева стал **полет** человека в космос. Первым человеком в космосе стал советский человек, приятный русский парень с красивой улыбкой. 12 апреля 1961 года весь мир узнал имя Юрия Алексеевича Гагарина. Кроме имени Гагарина вам нужно еще запомнить имя Сергея Королёва, талантливого советского учёного, который построил первый космический корабль «Восток-1».

Знаменитая улыбка Юрия Гагарина

Исторические термины и географические названия:

ГУМ—国营百货商店（音译为"古姆"，位于红场东侧，正对着克里姆林宫）

Ле́нинские (сейчас Воробьёвы) го́ры—麻雀山（旧称列宁山）

Уи́нстон Че́рчилль—温斯顿·丘吉尔（1874—1965，曾任英国首相）

Ники́та Хрущёв—赫鲁晓夫（1894—1971，苏共中央第一书记）

теа́тр «Совреме́нник»—《当代人》剧院

рома́н Ильи Эренбу́рга «Оттепель»—爱伦堡小说《解冻》

Юрий Алексе́евич Гага́рин—尤里·阿列克谢耶维奇·加加林（1934—1968，苏联宇航员）

Серге́й Королёв—谢尔盖·帕夫洛维奇·科罗廖夫（1906—1966，运载火箭之父）

косми́ческий кора́бль «Восто́к-1»—东方1号宇宙飞船

Запомните слова и выражения (работайте со словарем!):

вызывать споры (кого? или среди кого?) *Предложение Ивана всей группой поехать на море вызвало споры среди студентов: некоторые хотели ехать, другие – не хотели. Вопрос о том, какой период истории России был самым счастливым, а какой – самым ужасным, до сих пор вызывает споры историков. Фильмы этого режиссёра всегда вызывают споры: кто-то их любит, кто-то ненавидит, но никто не остаётся равнодушным.*

серьёзный (о проблемах, трудностях, ошибках, болезнях) *Если ты не будешь готовиться к экзаменам, у тебя будут очень серьёзные проблемы, тебя могут даже исключить из университета. Твоя серьёзная ошибка в том, что ты только учишь тексты наизусть; так русский язык не выучить никогда. Простуда – это не очень серьёзная болезнь; даже если её не лечить, она сама пройдёт через 3-5 дней.*

заслужить уважение (или «любовь»; кого? или среди кого? чем?) *Отличной учёбой этот студент заслужил уважение преподавателей и товарищей. Своими успехами в спорте Ли На заслужила любовь миллионов любителей тенниса во всём мире. Заслужить уважение людей трудно, а потерять его – очень легко.*

снимать (несов. вид «снять») **фильм** *Режиссёр Чжан Имоу снял фильм «Красный гаолян» в 1987 году. Студенты сами сняли небольшой фильм о родном факультете и выложили его в Интернет. Мне всегда было интересно, как снимают фильмы, я всегда мечтал попасть на киностудию.*

полёт (кого? куда? на чём?) *Это мой первый полёт на самолёте, поэтому я очень волнуюсь. Из Пекина можно совершить полёт почти во все страны мира. «Уважаемые пассажиры, наш полёт проходит на высоте 10 тысяч метров, всё идёт хорошо, полёт нормальный».*

 Ответьте на вопросы по тексту:

1. Когда советские спортсмены в первый раз приняли участие в Олимпийских Играх?
2. Кто стал новым лидером Советского Союза в 1954 году?
3. Что было главным достижением СССР в эпоху Хрущева?
4. Чем известны Юрий Гагарин и Сергей Королёв?

ТЕКСТ Б. Эпоха Брежнева и перестройка

В 1964 году стало понятно, что работа Хрущева ни в политике, ни в экономике не принесла больших успехов. Новым лидером СССР стал Леонид Брежнев, который оставался лидером страны до 1982 года. Брежнев был

Фильм «Служебный роман» - один из символом эпохи Брежнева

человеком **консервативным,** он не хотел больших изменений в жизни страны, поэтому в его эпоху СССР жизнь была очень спокойной. Эту эпоху часто называли словом **«Застой»**, что значит «время без больших изменений и без больших успехов». Первая половина этого значения, конечно, правильная, а вторая – не очень. Жизнь советских людей, конечно, отличалась от жизни людей в США или в Англии. Среди советских людей не было богатых, в магазинах не было **большого выбора товаров.** Но среди них и не было бедных, все люди могли бесплатно учиться в школах и университетах, бесплатно лечиться в больницах. Квартиры нельзя было покупать, но люди бесплатно получали их от государства. Нельзя сказать, что советские люди жили лучше или хуже, чем в США, но они жили совсем по-другому. При этом в СССР очень плохо знали о том, как живут люди в Европе и США, а в США ничего не знали о том, как живут в СССР.

После Второй Мировой войны отношения между СССР и США были очень плохими. Обе страны постоянно готовились к большой войне друг с другом, но войну никто не начинал. Это время (с 1946 года до 1985 года) называется «холодной войной». Так, например, самое важное событие эпохи Брежнева – Олимпийские игры в Москве 1980 года - **прошло без участия** американцев, а советские спортсмены не поехали на Олимпийские игры в США в 1984 году.

> «Перестройка» - это слово в русском языке происходит от глагола «перестроить», значит, построить по-другому. Русское слово «Перестройка» как название больших реформ (на английском языке «Perestroika») стало очень модным во всем мире.

В 1982 году Брежнев умер. В 1984 году новым лидером стал <u>Михаил Горбачёв</u> – человек, который мечтал о больших изменениях в жизни страны.

Символ Олимпиады-1980 – медвежонок Миша

Михаил Горбачёв видел, какие успехи показывают в Китае <u>реформы Дэн Сяопина</u>, и мечтал провести похожие реформы в СССР. Эпоха Горбачёва называется по имени реформ, которые он проводил, <u>«Перестройкой»</u>. Горбачёв очень отличался от консервативных советских лидеров прошлых лет – он много ездил по всему миру, часто встречался с президентом США. Перестройка продолжалась с 1985 по 1990 годы и закончилась полной неудачей и концом советской истории. Советская экономика была не готова к большим переменам, начался тяжелый <u>экономический кризис.</u> Надежды перестройки закончились, началось разочарование.

История продолжается ТЕМА 9

 Исторические термины:

Леони́д Бре́жнев—列昂尼德·伊里奇·勃列日涅夫（1964—1982年间前苏联最高领导人）

«холо́дная война́»—"冷战" "冷战时期"

Михаи́л Горбачёв—米哈伊尔·谢尔盖耶维奇·戈尔巴乔夫（苏联最后一位最高领导人）

рефо́рмы Дэн Сяопи́на—邓小平改革

Перестро́йка—戈尔巴乔夫改革

экономи́ческий кри́зис—经济危机

 Запомните слова и выражения (работайте со словарем!):

консервативный (о людях, обществе, идеях, отношениях) *Пожилые люди обычно намного консервативнее молодых, они хуже принимают всё новое. Человеку с консервативными взглядами трудно жить в обществе, которое быстро меняется. У меня очень консервативное отношение к искусству: я предпочитаю классику, не люблю современных авторов.*

застой (в чём?, иногда «чего?») *В истории любой страны есть периоды кризисов, есть периоды быстрого развития, а есть периоды застоя. Мне кажется, что в современной музыке какой-то застой: все песни похожи друг на друга, не появляется ничего нового. В традиционной китайской медицине считается, что застой крови (郁血) может стать причиной болезней.*

большой выбор (чего?) *На рынке всегда большой выбор свежих овощей и фруктов. В интернет-магазине выбор товаров всегда больше, чем в обычном магазине. После окончания университета передо мной большой выбор возможностей: можно стать переводчиком, можно учиться дальше, можно поехать в Россию, много еще чего можно.*

пройти без участия (кого?) *Лекция не может пройти без участия преподавателя, как свадьба не может пройти без участия жениха и невесты. Без участия Анны, которая отлично поёт, не проходит ни один концерт в нашем университете. Международная встреча прошла без участия представителей России.*

 Ответьте на вопросы по тексту:

1. Как долго Леонид Брежнев был лидером СССР?
2. Почему эпоху Брежнева называли словом "Застой"?
3. Когда Михаил Горбачёв стал лидером СССР?
4. Когда в СССР проходила «Перестройка»? Чем она закончилась?

ТЕКСТ В. Конец СССР

В 1990 году из СССР (в котором было 15 республик) выходит первая страна – Литва. В 1991 году выходит еще несколько стран. Лидер СССР Михаил Горбачёв, которого теперь называли красивым словом «Президент СССР», **ничего не мог с этим поделать**, он оставался президентом страны, которой уже не было. Летом 1991 года, пока Горбачёв отдыхал на даче на берегу Чёрного моря, в Москве группа советских руководителей попробовала провести маленькую революцию, чтобы получить власть и остановить разрушение СССР. Эти события произошли в августе 1991 года, в истории их называют «августовский путч» или «августовские события». Однако путч закончился неудачей. Его остановил популярный тогда политик – Борис Ельцин. Ельцин был против СССР и против КПСС (Коммунистической партии Советского Союза), которая управляла страной. Ельцин тогда **воспользовался ситуацией** и получил большую власть. Горбачёв вернулся в Москву уже ненужным человеком.

Горбачёв и Ельцин часто спорили

В декабре 1991 года Ельцин встретился с лидерами двух республик СССР – Украины и Белоруссии. Эта встреча проходила в красивом лесу, который называется Беловежская пуща. 8 декабря 1991 года три руководителя подписали важный документ о том, что СССР больше не нужен. На Кремле опустили красный советский флаг и подняли новый флаг России – бело-сине-красный. В истории нашей страны закончилась советская эпоха и начиналась новая, очень непростая страница.

В начале 1990-х годов Борис Ельцин очень много говорил: выступал по телевидению, на площадях. Он умел говорить с людьми и обещал им, что за короткое время – всего за 400 или 500 дней – он сможет сделать из России очень сильную и богатую страну. Реформы, говорил Ельцин, будут быстрыми и успешными, а потом каждый житель страны сможет быстро **разбогатеть**, купить несколько машин, каждый год отдыхать за границей. К сожалению, жизнь оказалась совсем не такой прекрасной, как обещал Ельцин, который в 1991 году стал первым президентом России.

Ельцин считал, что экономика России должна быть совершенно свободной, рыночной (в эпоху СССР, как вы помните, она была государственной). Полная свобода в экономике привела к тяжелому кризису. В России появились проблемы, о которых люди в СССР знали только из зарубежных фильмов –

безработица, преступность, голод, наркотики, терроризм. Закрывались заводы и фабрики, люди не получали зарплату, потому что в стране было слишком мало денег. В 1994 году началась долгая и трудная для России война на Кавказе.

Некоторые руководители России были против таких неудачных реформ. В октябре 1993 года они выступили против Ельцина: хотели остановить реформы и выбрать нового президента.

> Тяжёлые времена 1990-х годов в России сейчас называют «лихие девяностые». «Лихие» - значит, тяжёлые, трудные, плохие.

Несколько дней **сторонники и противники** Ельцина в Москве вели маленькую гражданскую войну. Но Ельцин остался у власти. 12 декабря 1993 года в России приняли новую Конституцию. Люди поняли, что времена СССР уже ушли **раз и навсегда**, а что будет впереди – страшно и неизвестно.

Исторические термины и географические названия:

Литва́ — 立陶宛（俄罗斯邻国）
а́вгустовский путч — 1991年在苏联发生的"八月政变"（又称"苏联政变""八一九事件"）
Бори́с Ельцин — 鲍里斯·叶利钦（1931—2007，首任俄罗斯联邦总统）
КПСС (Коммунисти́ческая па́ртия Сове́тского Сою́за) — 苏联共产党
Белове́жская пу́ща — 比亚沃韦扎国家森林公园（白俄罗斯旅游胜地）
ры́ночная эконо́мика — 市场经济
безрабо́тица — 失业
нарко́тики — 毒品
война́ на Кавка́зе — 车臣战争（1994—1996、1999—2000年共两次）

Запомните слова и выражения (работайте со словарём!):

ничего не мочь поделать (=сделать, с кем? чем?) *Наш сын очень плохо себя ведёт, совсем не слушается нас, а мы ничего не можем с этим поделать. Как только вижу мороженое, сразу покупаю его и начинаю есть… ничего не могу поделать с этой привычкой! Я смотрел в окно, вспоминал о Родине, и мне было грустно; я понимал, что у меня нет причин грустить, но ничего не мог с собой поделать.*

воспользоваться ситуацией — *Преподаватель во время экзамена вышел из аудитории, студенты воспользовались ситуацией и начали смотреть ответы друг у друга. Пока дома никого не было, я решил воспользоваться ситуацией и немного почитать в тишине. Доллар сейчас стоит почти 70 рублей, надо быстрее воспользоваться ситуацией и продать все доллары, потому что потом доллар будет стоить меньше.*

разбогатеть—*В детстве я часто мечтал разбогатеть, но с возрастом я понял, что деньги – это не главное. В Китае принято желать другим людям быстро разбогатеть, а для России такое желание кажется странным. Если ты будешь всё время тратить деньги, то никогда не разбогатеешь: деньги любят, когда их берегут.*

сторонник (ант. противник, кого? чего?) *Сергей – сторонник активного отдыха, его часто можно увидеть на велосипеде летом и на лыжах зимой. Я не сторонник современной литературы: я считаю, что молодым людям лучше читать классику. Яша не был сторонником серьёзного отношения к учёбе: он любил поспать и не любил учиться.*

раз и навсегда—*Ещё в детстве Герман раз и навсегда решил, что станет учителем, с тех пор он уверенно шёл к своей цели. В письме Людмила прочитала горькие слова: «Мы не можем быть вместе, мы должны расстаться раз и навсегда». В 18 лет Ленин бросил курить раз и навсегда; к этой дурной привычке он уже не возвращался.*

Ответьте на вопросы по тексту:

1. Что случилось в августе 1991 года?
2. Когда закончилась эпоха СССР в истории России?
3. Почему времена 1990-х годов в России называют "лихие девяностые"?
4. Когда в России приняли новую Конституцию, которая действует и сегодня?

После урока

Языковые упражнения

1. Разделите эти сочетания со словом «серьёзный» на три группы.

В значении 认真的	В значении 严重的	Неправильные
Серьёзный человек, серьёзное общество, серьёзная проблема, серьёзная ошибка, серьёзный язык, серьёзное дело, серьёзный фильм, серьёзный магазин, серьёзная опасность, серьёзное время, серьёзное увлечение, серьёзное отношение к учёбе, серьёзная болезнь, серьёзная угроза, серьёзное мнение, серьёзный стол.		

2. Измените эти предложения по образцу, используйте выражение «большой выбор (чего?)»

Образец: *В Москве много театров, можно выбрать любой. – В Москве большой выбор театров.*

1) В меню так много разных блюд, я не знаю, что выбрать.
2) Туристическая компания предлагает путешествия на любой вкус.
3) В нашей школе можно заниматься разными иностранными языками, всего более 10 языков.
4) У каждой модной девушки в шкафу всегда очень много разной одежды.

История продолжается **ТЕМА 9**

5) В этой аптеке можно купить любое лекарство, какое вам нужно.

3. Переведите предложения на русский язык, используйте выражение «ничего не мочь поделать» (с кем? с чем?)

1) 我一看到漂亮衣服，立刻就想买下来，真拿自己没办法。

2) 我们告诉维克多反复迟到非常不好，但他还是一如往常，常常迟到，我们拿他也没办法。

3) 如果学生一点也不想学习俄语的话，那老师也无可奈何。

4) 伊万从小就立志成为军人，父母没有办法，只好同意。

4. Поставьте слова в скобках в нужную грамматическую форму, если нужно, добавьте предлоги.

1) Есть ли жизнь на Марсе? Этот вопрос до сих пор вызывает споры (учёные).

2) Лэй Фэн заслужил уважение (весь китайский народ), потому что он всегда помогал людям.

3) Как правильно изучать русский язык? Эта проблема вызывает большие споры (преподаватели).

4) Я не сторонник (современная мода), мне больше нравится, как люди одевались в XIX веке.

5) Илья – сторонник (здоровый образ жизни), он каждый день занимается спортом и спит на свежем воздухе.

Упражнения на усвоение фактического материала

1. После Великой Отечественной войны в СССР были созданы многие произведения искусства, в том числе фильмы, которые стали классикой. В какую эпоху они были созданы?

Образец: *«Место встречи изменить нельзя» (1979) - Фильм «Место встречи изменить нельзя» был снят в эпоху Брежнева.*

«Курьер» (1986), «Смелые люди» (1950), «Судьба человека» (1959), «Приключения Электроника» (1980), «Большая перемена» (1973), «Гардемарины, вперёд!» (1988), «Баллада о солдате» (1959), «Кубанские казаки» (1949), «Семнадцать мгновений весны» (1973), «Белое солнце пустыни» (1969), «Собачье сердце» (1988).

2. Из нескольких вариантов ответа выберите правильный:

1а) В 1952 году первые Олимпийские игры проходят в Москве.
1б) В 1952 году СССР отказался участвовать в Олимпийских играх.
1в) В 1952 году СССР в первый раз участвует в Олимпийских играх.

2а) ГУМ – это университет, а МГУ – это магазин.
2б) ГУМ – это магазин, а МГУ – это университет.
2в) ГУМ и МГУ – это одно и то же.

3а) Юрий Гагарин и Сергей Королёв – советские космонавты.

3б) Юрий Гагарин и Сергей Королёв – это советские учёные.

3в) Юрий Гагарин – космонавт, а Сергей Королёв – учёный.

4а) «Оттепель» - это название романа И. Эренбурга и эпохи Хрущёва.

4б) «Оттепель» - это название романа И. Эренбурга, а эпоха Хрущева называлась «Застой».

4в) «Оттепель» - это название эпохи Хрущёва, а роман И. Эренбурга назывался «Эренбург».

5а) В период «Оттепели» в Москве открылось много новых театров, и «Современник» тоже.

5б) В период «Оттепели» в Москве закрылись все театры, кроме «Современника».

5в) В период «Оттепели» в Москве открылось много новых театров, а «Современник» закрылся.

УРОК 2. Современная Россия

ТЕКСТ А. Такого, как Путин...

> Войн в Чечне в истории новой России было две: Первая чеченская война (1994-1996) и Вторая чеченская война (1999-2000). Но многие считают, что Вторая чеченская война продолжалась до 2009 года.

Период с 1993 по 1999 годы был для жителей России очень трудным. Продолжалась война на Кавказе, в экономике проблем было не меньше. Тяжелый экономический кризис 1998 года принес людям много бед. Но русские – **терпеливый** народ, они пережили немало трудных периодов истории и всегда надеялись на лучшее. А все самое лучшее, как верят в России, происходит в Новый год.

Заканчивался 1999 год. Россияне, по традиции, отмечали свой самый любимый праздник. Люди сидели за столами и готовились слушать поздравление президента России Бориса Ельцина. Но кроме обычных слов «С Новым годом!» Ельцин сказал и другие слова, которые стали историческими: «Я устал. Я ухожу». Так в истории Российской Федерации произошло важное событие – первый лидер новой России **уступил место** второму ее лидеру.

Этот скромный человек невысокого роста с негромким, но уверенным голосом и внимательными глазами – тот, кого мы сегодня знаем под именем Владимира Путина. Но Путина, в отличие от Ельцина и других известных людей России 1990-х годов, почти никто не знал (его знали только в его родном городе - Санкт-Петербурге). В американских газетах про него писали «Who is Mr. Putin?», а в России про него говорили только два слова «молодой и **энергичный**». Путин стал не просто новым президентом – он открыл дверь в новую эпоху для России.

Жизнь изменилась не сразу. Сначала Путин провёл политические реформы: он хотел, чтобы президент стал по-настоящему самым главным человеком в стране. Путин сделал всё, чтобы быстро закончить войну на Кавказе. Потом постепенно начались экономические реформы. Владимир Путин заметно отличался от других политиков своего времени тем, что он нравился всем. У него были противники, но не было **конкурентов**: в России не было другого такого популярного человека.

Путина любят в России, но его не очень любят в Европе и США. Его часто сравнивают со Сталиным, потому что он, как Сталин, многие вопросы **решает лично**. Конечно, Путин – не идеальный человек, в его работе тоже бывают ошибки. Но в его работе немало и огромных достижений. Одно из них – у России снова появились друзья в мире (в эпоху Ельцина Россия всех друзей потеряла). Путин многое сделал для **укрепления** дружбы с Китаем. Китай и Россия снова стали такими же добрыми друзьями, какими они были в 1950-е годы.

Путина часто сравнивают со Сталиным

Запомните слова и выражения (работайте со словарём!):

терпеливый — *Только терпеливый и старательный человек сможет овладеть таким сложным языком, как русский. В Сибири живут сильные и очень терпеливые люди, которые никогда не жалуются на трудности. Упорный и терпеливый труд всегда заканчивается большим успехом.*

уступить место (кому? чему?) *Молодые люди должны уступать пожилым людям место в автобусе и в метро. Зимние холода уступили место весеннему теплу. Иван два года был старостой нашей группы, а сейчас он уступил место старосты Сергею.*

энергичный (о людях, характерах, действиях и движениях) *У Алексея очень энергичный характер, он ни секунды не может посидеть спокойно. После медленного вальса музыканты начали играть быструю и весёлую музыка: начался энергичный танец. У моего соседа две собаки: одна, Бобик, очень быстрая и энергичная, всё время бегает по двору за кошками, другая, Барбос, спокойная, на кошек внимания не обращает.*

конкурент (кого? чего? в чём?) *Компания X выпустила новую модель телефона, и уже через неделю её главный конкурент – компания Y – тоже выпустила новую модель телефона. Пётр учится лучше всех в нашей группе; в учёбе у него нет конкурентов. У английского языка нет конкурентов по популярности в мире.*

решать (что-то) **лично** *К сожалению, я не могу решить этот вопрос лично, мне* нужно посоветоваться с начальником. Я уже взрослый человек, мне не надо спрашивать родителей, где и как мне отдыхать: эти вопросы я могу решать лично. Мила – очень осторожная девушка, она боится принимать решения и очень редко что-то решает лично; даже перед тем, как заказать обед, она спрашивает у меня совета.

укрепление (дружбы, отношений, связей, здоровья) *Укрепление дружбы между Россией и Китаем – важная задача для всех китайских студентов-русистов. Прекрасные фильмы на русском языке помогут в укреплении интереса студентов к этому сложному языку. Для укрепления здоровья китайская медицина советует каждый день пить много горячей воды.*

 Ответьте на вопросы по тексту:

1. Когда Ельцин уступил место Путину?
2. Как к Путину относятся в Европе и в США?
3. Что является одним из главных достижений Владимира Путина?

ТЕКСТ Б. Сегодня и завтра

В 1990-е годы многие иностранцы задавали такой вопрос: «Почему Россия, в которой так много нефти, газа и много еще чего, стала такой бедной страной?» Это был хороший вопрос. В эпоху Ельцина все деньги за нефть и газ получали крупные **бизнесмены**, а государство не получало почти ничего. Путин исправил эту ошибку. В России появились деньги, жизнь стала лучше.

После трудных 1990-х годов в России появилась новая и очень серьезная проблема: в огромной стране не хватало людей. Многие образованные люди уехали за границу, многие семьи не хотели иметь детей (потому что не знали, что будет завтра). В России появились **пустые** деревни и даже пустые города. Благодаря успешной работе Путина у жителей России изменилось отношение к жизни. Вместо слов «бедность», «кризис» и «уехать из России» всё чаще стали говорить слова «надежда», «стабильность» и «я люблю Россию».

Популярные футболки с портретами Путина

Путин сумел найти соратников, которые помогали ему менять жизнь России к лучшему. Одним из таких соратников стал Дмитрий Медведев – бывший преподаватель Санкт-Петербургского государственного университета. В 2008 году именно Медведев стал третьим президентом России. Президент поменялся, но все понимали, что продолжается «эпоха Путина». В 2012 году **на главный пост** страны вернулся

Владимир Путин, и это никого не удивило. Жителям России трудно представить себе, что страной будет руководить кто-то другой. Слова «Россия» и «Путин» сегодня **связаны** очень **тесно.**

В 2014 году в истории России произошло два очень важных события: в Сочи успешно прошли Зимние Олимпийские игры, а немного позже

> Олимпиаду в Сочи посетил Председатель КНР Си Цзиньпин (это был первый визит китайского лидера на открытие спортивного мероприятия за границей).

Крым снова стал частью России (с 1991 по 2014 год Крым был частью Украины). Из-за этого отношения России и Запада совсем испортились, но среди жителей России Путин стал еще популярнее.

История России продолжается. Сегодня россияне, несмотря на то, что в стране ещё немало проблем, смотрят в будущее с оптимизмом. Многие верят, что Россия сможет снова называться «великой страной», как в эпоху СССР. Мы надеемся, что слова «великая страна» говорить можно будет не только с надеждой на будущее России, но и с гордостью за ее настоящее.

 Запомните слова и выражения (работайте со словарем!):

бизнесмен—*Бизнесменом быть непросто, для этого тоже нужно иметь какие-то способности. После университета я не нашел хорошей работы и решил стать бизнесменом: открыл в интернете свой магазин и решил, что смогу быстро разбогатеть. Этот номер в отеле стоит 5000 юаней за ночь, обычный человек в нём жить не будет, только известный артист или богатый бизнесмен может себе позволить такой номер.*

пустой (в значении «никого или ничего нет внутри» 空的 , в значении «бесполезный» 无聊的 или 没有意思的; запомните выражения «пустые карманы» - нет денег, «с пустыми руками» – без подарков) *В пустой комнате было холодно и грустно. Только что на тарелке лежали пельмени, а через минуту тарелка была уже пустой – голодная собака съела пельмени очень быстро. О не очень серьёзном человеке мы можем сказать, что это «пустой человек». У Ивана были пустые карманы, он целыми днями ходил по городу без дела. Извините, что я пришёл к вам с пустыми руками, я сразу с вокзала, не было времени зайти в магазин.*

пост (кого? на посту; занимать пост, освободить пост) *Си Цзиньпин занимает не только пост Председателя КНР, но и пост Генерального секретаря Центрального комитета КПК. Президент Путин часто говорит, что на посту президента он очень устаёт. Директор завода ушёл на пенсию, и никто не знал, кто займёт его пост.*

быть тесно связанным (чаще всего, в формах «тесно связан, связана, связано, что и что? или что с чем?) *История тесно связана с политикой, экономикой и географией, это близкие науки. Жизнь каждого из нас тесно связана с жизнью нашей Родины. Красота и здоровье тесно связаны друг с другом. Литературное творчество этого* *поэта тесно связано с темой революции. Эти две проблемы связаны друг с другом, их нельзя решать по отдельности.*

 Ответьте на вопросы по тексту:

1. Почему Россия в 1990-е годы была такой бедной страной?
2. Когда Дмитрий Медведев стал президентом России?
3. Какие важные события произошли в 2014 году в истории России?
4. С каким чувством россияне сегодня смотрят в будущее России?

 После урока

Языковые упражнения

1. Измените эти предложения так, чтобы использовать в них слово «конкурент».

Образец: *Этот пловец обязательно выиграет соревнования. –На этих соревнованиях у этого пловца конкурентов нет.*

1) Антон лучше всех пишет стихи среди всех студентов нашего факультета.

2) Минеральная вода «Нарзан» - самая полезная минеральная вода России, другие не такие полезные.

3) «Первый канал» в России – самый богатый телеканал, другие телеканалы не такие богатые.

4) Телефоны этой марки – самые лучшие, все остальные намного хуже.

5) Этот молодой профессор обязательно станет деканом факультета; других преподавателей, которые могли бы это сделать, просто нет.

2. Вставьте в эти предложения следующие выражения:

Пустые обещания, пустой разговор, с пустыми руками, пустая книга, пустой дом, пустые карманы, пустая бутылка.

1) На окраине города стоял_____. Уже много лет в нём никто не жил.

2) Виктор хотел пойти в ресторан, но вспомнил, что у него_____.

3) Это совершенно_____, я совсем не советую ее тебе читать, ничего полезного и интересного в ней ты не найдёшь.

4) Старайтесь никогда в жизни не давать_____, потому что вы потеряете уважение других людей.

5) Русские считает, что приходить в гости_____невежливо, нужно принести хотя бы маленький подарок.

6) Это_____, мы так ни до чего не договоримся, поэтому давай этот разговор закончим.

История продолжается **ТЕМА 9**

7) На столе стояла _____, кажется, в ней раньше было пиво.

3. Переведите предложения, используйте выражение «тесно связан с кем? чем?»

1) 中国的书法与绘画联系紧密，很多画家同时也是书法家。
2) 中国的历史同中国共产党的历史紧紧相连。
3) 中国东北与俄罗斯远东地区经济往来由来已久，现在双方联系密切。
4) 语法规则的运用与语义表达密切相关。
5) 中医认为人体所有器官都是相互关联的。

■ **Завершая тему (речевые и творческие задания)**

1. Посмотрите на эту фотографию. На ней вы видите главное здание МГУ в Москве – одно из самых знаменитых зданий Москвы и всей России.

Расскажите, чем это здание отличается от зданий в вашем университете? Можно ли сказать, что здания в вашем университете красивые? Какие они? Что необычного и интересного есть в вашем университете? Расскажите об этом.

2. Когда Юрий Гагарин совершил первый в истории человечества космический полёт, многие родители во всём мире (не только в СССР!) назвали своих детей именем «Юрий» (об этом одному из авторов этого учебника рассказал коллега по имени Юрий с далёкой Кубы). В честь какого великого человека вы могли бы назвать своих детей? Вспомните своё русское имя и скажите, каких великих людей России с таким именем вы знаете?

3. Перед вами – китайский текст песни «До свиданья, Москва». С каким событием в истории России связана эта песня? Почему эта песня вызвала у тысяч людей по всему миру настоящие слёзы? Какие чувства она вызывает у вас?

《告别莫斯科》

看台上人如潮渐渐平息
赛场上欢呼声刚消逝
再见吧我们可爱的米沙
回到你大森林家园里
用微笑来告别不要忧郁
最难忘那些天在心底
祝愿吧为理想共同努力
盼我们再一次来相聚
多珍重呵朋友
心中温情化做友谊
爱之歌永珍惜
再见吧来日再相聚

我们曾同分享胜利欢喜
惟有爱和友谊无尽期
奥林匹克召唤声不断回荡
长留在心灵中诗行里
再见吧莫斯科告别再见
奥林匹克挥着手在远去
祝愿吧为理想共同努力
盼我们再一次来相聚
多珍重呵朋友
心中温情化做友谊
爱之歌永珍惜
再见吧来日再相聚

4. Посмотрите на эти фотографии Владимира Путина. Попробуйте описать его внешность, увлечения, подумайте, какой у него характер. Нравится ли вам Владимир Путин как человек?

5. В самом конце последнего текста в нашем учебнике мы написали о том, что сейчас большинство жителей России с оптимизмом смотрят в будущее. А как смотрите в будущее вы? Чего вы ждёте от будущего? Какой, как вы считаете, будет жизнь в Китае через 10, 20, 50 лет?